아브라함의 종교

유대교 | 기독교 | 이슬람교

차례
Contents

머리말

『아브라함의 종교』 초판은 필자가 미국의 프린스턴 대학교 도서관을 방문하면서 거기서 얻은 자료를 중심으로 저술되었다. 초판 원고를 작성한 뒤 필자는 기독교의 『성경』과 이슬람의 『꾸란』을 아랍의 대학에서 아랍인 교수와 미국인 교수에게서 공부할 기회를 얻었다. 그 후 콜로라도의 덴버 신학대학교에서 한 학기 방문 교수로 초청을 받아 성서 아람어 수업을 들으면서 새로운 사실을 깨달았다. "아브람(아브라함)"이 아람어(Aramaic)화된 말이라는 것과 「창세기」 14장 13절의 "히브리 사람 아브람"이란 말에서 히브리는 '유프라테스강 위쪽 지역'이란 말에서 나와서 우리가 생각하는 '히브리'라는 의미가 아니라는 것이다. 결국 아브라함은 히브리(유대인) 사람도 아니고 아랍 무슬림도 아니고 유프라테스강 위쪽 지역인 하란에서도 살았던 아람 사람이었다.

2002년부터 요르단 대학교 교수로 재직하면서 『꾸란』과 이슬람을 더 깊이 연구하게 되었다. 그중 한 가지 예를 들면 『꾸란』 3장 67절에 나오는 "이브라힘이 유대교인도 아니고 나쓰라니(일종의 기독교인)도 아니고 '하니프(곧은, straight) 무슬림'이라"고 한 구절에서 '무슬림'이란 말이 오늘날 우리가 사용하는 '무슬림'이란 뜻이 아니고 "알라에게 복종하는 자"라는 뜻이라는 것을 알았다. 다시 말해서 『성경』과 『꾸란』에 나오는 어떤 단어는 낱말 그대로 번역하여 사용하면 그 경전이 갖는 본래의 의미를 나타내지 못하는 경우가 있다는 것이다.

2019년 미국 메릴랜드에서 열린 학술대회에서 필자의 논문 「The Biblical Abraham and the Qurʾānic Ibrāhīm(『성경』의 아브라함과 『꾸란』의 이브라힘)」이 영어로 발표되었다. 이 논문에서 『꾸란』의 이브라힘과 『신·구약성경』의 아브라함이 서로 유사점도 있지만 신학적 담론 그리고 내러티브 구성과 강조점에서 다르다는 것을 밝혔다.

요즘 유대교·기독교·이슬람교 모두를 '아브라함의 종교'라고 일컫기도 하는데 이 말은 1950년대까지만 해도 널리 사용되지 않았다. 아브라함의 종교라는 말은 제2 바티칸 공의회(1962~65)에서 가톨릭이 유대교인과 무슬림을 아브라함의 깃발 아래에서 만나도록 하기 위함이었다. 지난 20여 년간 필자가 가르쳤던 여러 대학교에서 다양한 전공 교수들을 만나고 많은 책에서 얻은 지식이 초판 『아브라함의 종교』를 대폭 개정하게 되는 원인이 되었다.

초판 원고 이후 아랍과 이슬람 세계가 급변하였기 때문에 이 책은 개정판을 맞아 현재의 이야기를 더 담을 수 있도록 본문이 수정·추가되었다. 또한 각 종교 간의 구별을 위하여 『꾸란』의 명칭은 『꾸란』의 아랍어를 토대로 하는 발음으로 수정되었다. 예를 들어 모세는 '무싸'로, 노아는 '누흐'로 고친 것이 그러하다. 장마다 『성경』과 『꾸란』의 구절을 비교하는 내용도 추가되었다. 대부분 아브라함과 이브라힘이 동일한 메시지와 동일한 내러티브를 갖고 있다고 생각하므로, 유사점과 차이점을 드러내기 위해 서로 대조해 보았다.

독자들은 그동안 종교 간의 담론이 왜, 그리고 어떻게 달라졌는지를 파악하고 세 종교가 갖는 본래의 모습을 더욱 선명하게 들여다볼 수 있을 것이다. 이 책을 통해 우리 사회와 학계가 수년간 판에 박은 듯이 답습한 잘못된 종교적 담론과 틀린 종교적 개념을 새롭게 하는 계기가 되기를 기대해본다.

율법에서 근본주의까지

여호수아가 모든 백성에게 이르되 이스라엘 하나님 여호와의 말씀에 옛적에 너의 조상들 곧 아브라함의 아비, 나홀의 아비 데라가 강 저편에 거하여 다른 신들을 섬겼으나….

「여호수아」24:2)

(무함마드야! 전하라) 이브라힘이 그의 아버지 아자르(azar)에게 반박했다. "(알라가 아닌) 우상들을 신들로 예배하고 있습니까? 저는 아버지와 아버지의 권속이 분명히 진리의 길을 잃어버렸다고 생각합니다."

(『꾸란』6:74)

중동에서 시작된 세 종교

역사상 기독교는 유대교로부터 시작되었다. 그런 이유로 처음에 기독교는 유대교의 한 종파로 여겨질 만큼 미미했다. 그러나 곧 그 영향력이 유대교를 능가했고 현재까지도 줄곧 확장되고 있다. 한편 7세기에 등장한 이슬람교는 유대교와 기독교보다 훨씬 나중에 출현했다. 유대교는 예수 그리스도를 메시아로 인정하지 않았으나 기독교는 예수 그리스도가 『구약성경』에서 예언한 '오실 메시아'로 믿었다. 유대교와 세대주의 기독교인은 하나님이 이스라엘에 특별한 계획이 있다고 믿지만 이슬람에서는 그렇지 않다.

이슬람교는 창조·심판·알라의 단일성(삼위일체 하나님을 부인함)에 관한 대부분의 내용을 유대교에서 빌려왔다. 『꾸란』에는 타우라(무싸에게 알라가 내려준 책)와 인질(이싸에게 알라가 내려준 책)에 들어 있는 예언자들의 이야기와 민족들과 관련된 이야기가 포함되어 있는데 이것을 무슬림은 '이스라일리야트'라고 한다. 『꾸란』에서 이런 이야기는 사건과 국명과 인명의 기록에 대한 세세한 언급이 없고 교훈을 위한 목적에서 삽입되었다. 이런 내용이 이슬람에 들어간 경위는 유대교인이나 기독교인이 이슬람으로 개종한 다음에 이들의 첫 종교 문화와 종교적인 이야기들을 이슬람으로 들여왔기 때문이다.

무슬림들은 「창세기」「출애굽기」「민수기」「신명기」의 영향이 『꾸란』에 있다고 하나 레위기의 영향은 없다고 했다. 무슬림들이 말하는 예언자들로는 여호수아·사무엘·이사야·예레미야·에스겔·요나 등이다. 『꾸란』 주석가 알따바리(839~923)가 언급한 이스라일리야트의 내용으로는 피조물의 시작(우주, 아담, 아담 자녀 간의 갈등), 예언자들의 이야기(누흐·이브라힘·루뜨·이스라엘 자손과 연결된 예언자로서 야으꿉·유수프·무싸·다우드·술라이만) 등이다.

『꾸란』의 예언자는 알라가 종교나 율법을 전해 주려고 피조물 중에서 선택한 인간이고 메신저는 진리나 거짓 또는 선이나 악이 들어 있는 메시지를 휴대한 사람이거나 구두 메시지를 옮겨주는 자다. 『꾸란』의 예언자 개념이 『성경』의 예언자 개념과 다른 부분이 있다. 『꾸란』의 메신저는 『성경』의 예언자와 구별이 된다.

타우라와 예언자들의 이야기가 『꾸란』에 들어 있다고 해도 『성경』의 내러티브와 사건과 이야기 내용이 다른 부분이 많다. 그러나 이슬람과 유대교는 율법을 중시한다는 공통점을 가지고 있다. 이슬람과 유대교는 각각 『꾸란』과 『구약성경』을 통해 독특한 율법을 형성해왔고, 현재까지도 그 율법을 매우 중요하게 여기고 있다.

한편 이와는 달리 기독교에서의 율법은 예수님이 초림하실 때까지 보호자(후견인) 역할을 하는 것으로 여겨진다. 하나님이 모세에게 주신 법이 율법이고 이 율법은 유대인의 종교적 요구 사항과 관련된 모든 제도에 사용되었다. 「갈라디아서」에서 유대주의자(judaizer)는 유대 기독교인이었는데 이들은 이방인(유대인이 아닌 사람) 기독교인이 먼저 유대인이 된 후 유대 율법의 모든 종교적 규례를 지키라고 했다. 그러나 「갈라디아서」3장 24절에서 "이같이 율법이 우리를 그리스도께 인도하는 초등교사가 되어 우리로 하여금 믿음으로 말미암아 의롭다함을 얻게 하려 함이다"고 했기 때문에, 이방인이라면 '그리스도 안에서' 아브라함의 상속자가 되어야 하고, 유대인 기독교인이라면 '성령을 받아야' 한다.

그렇다면 여기서 율법이란 무엇인가? 율법의 엄격성과 경전의 무오류성이 근본주의에 어떤 영향을 주었는가? 문자적 해석과 율법은 어떠한 관계인가? 유대교와 이슬람의 근본주의자들은 왜 이전보다 더 열심히 종교적 율법을 지키려고 하며, 왜 율법이 적용되는 국가를 세우고 싶어하는가? 예루살렘의 성전은 세 종교에 어떤 의미가 있는가?

또한 이스라엘과 미국 간의 정치·군사·외교적 동맹이 아랍에 어떤 영향을 미치고 있는가? '아브라함의 종교'란 말은 언제부터, 그리고 어떤 부류의 사람들이 주로 사용하게 되었는가? 이런 문제들이 앞으로 우리가 이 책에서 논의하게 될 내용이다.

종교와 현실

21세기 들어 일부 서구 학자들은 오늘날 중동분쟁의 발단이 종교에 있다고 보고, 종교에서 그 해답을 찾으려 하고 있다. '이슬람교가 바로 중동의 생활양식'이라고 정의한 이슬람 학자들의 말에서 눈치챌 수 있듯, 무슬림의 생활은 종교와 떼어놓고 설명하기는 어렵다고 한다.

그러나 사실 그 실상은 약간 다르다. 모든 무슬림(이슬람을 믿는 사람)이 『꾸란』을 해석할 수 있는 것도 아니고 '아랍의 봄' 이후 무신론자들도 늘고 있다. 『꾸란』에 쓰인 아랍어와 현대 아랍 세계에서 사용하는 아랍어가 다르며, 나라마다 각기 다른 아랍어 방언이 쓰이고 있다. 또한 모든 무슬림이 이슬람의 의무—이슬람의 신앙고백, 하루 다섯 번의 기도, 종교적 의무의 구빈세(救貧稅), 메카 순례, 라마단(이슬람 음력으로 아홉 번째 달)의 금식—를 지키며 사는 것도 아니다.

일부 한국인은 무슬림이 라마단 금식을 비롯해 기도와 메카 순례를 엄격히 지키는 것으로 생각한다. 그러나 모든 아랍 무슬림이 금식과 기도와 메카 순례를 엄격히 지키는 것은 아니다. 기도를 엄격히 지키지 않는 점을 문제 삼아 IS(이슬람국가 조직)가 그런 무슬림을 살해한 것은 유명한 일화다. 한 요르단 대학교 영어과 교수는 이렇게 말했다.

"이슬람국가 조직원은 아침과 점심 기도에 허리를 몇 번 굽혀야 하는지 금방 답하지 못 하는 자를 살해했다. 실은 나 역시 기도할 때 다른 사람들을 따라서 하므로 정확한 횟수를 잘 모른다."

무슬림은 간통이 잦고, 술을 금하였는데도 술을 마시는 무슬림이 있으며, 라마단이 되면 해가 떠서 질 때까지 먹거나 마시거나 담배를 피우면 안 되는데도 이를 범하는 사람들이 많이 있다. 아니 오히려 라마단이 되면 이슬람 국가는 더욱 활기를 띤다. 평소보다 식품 소비가 더 늘고, 상가와 가게 앞에는 해가 지기 전까지 음식을 사려고 기다리는 사람들로 장사진을 이룬다. 종교적이라고 생각되는 이들도 많은 부분 여느 사람과 별반 차이 없이 살아가고 있다.

이렇듯 이슬람 세계 밖에서 바라본 이슬람과 중동 땅에서 직접 이들과 부대끼며 익히는 이슬람은 실로 다르다. 생각해 보면, 정치적인 면에서도 그러하다. 원래 '이슬람'은 아랍어로 '복종'을 뜻한다. 그런데도 세계 곳곳에서 일부 무슬림들이 테러를 일으키고 있다. 그렇다고 오늘날 이스라엘에서 살아가는 유대교인들은 이웃 아랍 팔레스타인 사람들에게 관용만을 베푸는가? 그런 것 같지도 않다. 많은 아랍인은 오늘날 중동분쟁의 원인으로 유대인들과 이들의 시온주의를 꼽는다.

어찌 됐든 중동에서 출발한 세 종교, 즉 유대교-기독교-이슬람교는 오늘날 첨예하게 대립하고 있는 중동의 정치적·종교적 분쟁의 이데올로기적·사상적 배경이자 첨예한 갈등의 한 요인임이 분명하다. 이러한 세 종교 사이의 쟁점을 중동 현지의 시각으로 살펴보는 것은 매우 시의적절하며, 중동에 대한 담론에 새로운 시각을 가져다주는 계기로 작용할 수도 있겠다. 또한 이슬람교와 유대교 그리고 일부 기독교인의 신학사상과 현실 정치가 중동분쟁에 어떻게 반응하고 있는지 살펴보면 오늘날 중동 문제의 저변에 깔린 그들의 속내를 알아보는 데에도 큰 도움이 될 수 있을 것이다.

따라서 이 책은 세 종교의 경전에 나타난 종교적인 내용은 물론 정치·사회·문화·역사 등을 고려하여 유대교뿐만 아니라 기독교와 이슬람이 어떻게 상호 작용하는지 중동 현장에서 보고 느낀 대로 서술하고자 한다.

『성경』과 『꾸란』에 사용된 동일 어휘가 서로 다른 개념과 의미를 내포하고 있을 경우를 고려해 타우라(알라가 무싸에게 내려준 책)와 토라, 샤리아(이슬람 율법)와 율법(Law), 알라와 하

나님, 이싸와 예수, 인질과 복음 등 『꾸란』에 사용된 단어는
아랍어 원어 그대로 사용하고자 한다. 아랍어 신문의 정치면
이나 사회면에 나오는 어휘들은 일상적인 의미를 아는 것으
로 충분할 수 있다. 그러나 『꾸란』에 사용된 어휘는 일반 사
전에서 찾기 어렵고 『꾸란』 해석과 종파에 따라 그 의미가
달라지기 때문이다.

『성경』은 『꾸란』과 다르다?

여호와께서 아브람에게 이르시되 너는 너의 고향과 친척과 아버지의 집을 떠나 네가 네게 보여줄 땅으로 가라.

(「창세기」12:1)

그들이 말했다. "그(이브라힘)를 불태워라. 네가 뭔가를 하려고 한다면 너희들의 신들을 구하라." 우리(알라)가 말했다. "이브라힘을 위해 불을 냉각시키고 그에게 해가 없게 하라."

(『꾸란』21:68~69)

『성경』과 『꾸란』

이슬람교와 유대교 그리고 기독교는 모두 중동에서 발원하였다. 그중 기독교는 유대교의 유일신 신앙에서 영향을 받았다. 이슬람교가 시작되던 7세기 아라비아반도에는 이미 유대교인과 기독교인이 존재하고 있었다. 그러나 기독교는 당시 아라비아 땅에 제대로 뿌리를 내리지 못하고 있었고, 그래서 정통 기독교와 상관없는 이야기가 나돌았다. 무함마드는 이런 내용을 『꾸란』에 인용했다.

유대교인은 히브리어와 아람어로 된 『구약성경』을, 무슬림은 아랍어로 된 『꾸란』을, 그리고 기독교인은 『구약성경』은 물론 그리스어로 된 『신약성경』을 하나님의 말씀으로 믿고 있다. 일부 서구 학자들은 『꾸란』의 일부 내용이 『구약성경』에서 빌려온 것이라고 했다.

실제로 이슬람의 『꾸란』은 『구약성경』과 동일한가? 이런 질문은 이슬람에 관심 있는 사람뿐만 아니라 기독교인 또한 호기심을 갖는 질문이다. 결론부터 말하자면 일부 『꾸란』의 내용이 『구약성경』에서 발췌된 내용을 포함하고 있기도 하지만, 『구약성경』의 신학적 담론에 따른 서술은 『꾸란』에서 찾아볼 수 없다.

즉 아주 일부분에서 동일한 사건을 기술하고 있긴 하지

만, 반드시 주제와 윤리와 신학적인 의미까지 모두 동일하다는 것은 아니다. 가령 『꾸란』 11장 43절에서는 누흐의 아들 중에 익사한 사람이 있다고 언급하고 있다.

누흐의 아들이 대답하였다. "나를 물에서 보호해줄 산으로 몸을 피하겠어요." (누흐가) 말했다. "알라가 자비를 베풀어주는 사람이 아닌 한, 오늘 알라의 명령으로부터 보호받을 자가 없다." 둘 사이에 높은 파도가 몰려와 그는 물에 빠져 죽었다.

하지만 『성경』에는 이러한 내용이 없다. 또 『꾸란』 구절을 잘못 주석한 것을 한국어나 영어로 의미번역한 경우도 있다. 그 예로 『꾸란』 1장 7절 "노여움을 받은 자나 방황하는 자들"에 대해, 오늘날 대부분의 무슬림은 '노여움을 받은 자'는 유대교인이고 '방황하는 자들'은 기독교인이라고 말하고 있다. 그러나 이 역시 두 종교를 배척하기 위한 후세대의 『꾸란』 해설일 뿐 『꾸란』 본래의 취지와는 어긋난다.

후세의 아랍 무슬림들이 쓴 여러 『꾸란』 주석서들이 무함마드(570~632)가 구전해 준 것과 그의 동료와 그 추종자들이 전해준 것과 다를 때가 있다. 『꾸란』 1장 7절에 나오는 "노여움을 받은 자나 방황하는 자"를 유대교인과 기독교인으로 각각 잘못 해설한 것은 두 종교를 배척하는 의도에서 비롯된 것이다. 무함마드 초기 시기에는 이슬람이 독립된 종교로 분류되지 않았고 또 무슬림들이 기독교인과의 사이가 좋았으므로 무함마드 스스로 이들과 등을 돌리는 말을 내뱉을 필요가 없었을 것이다.

오늘날 일부 아랍 무슬림은 기도할 때에 집게손가락을 위아래로 흔들며 "라 일라하 일랄라(알라 이외에 신이 없다)" "무함마드 라술룰라(무함마드는 알라의 사자[messenger]다)"를 암송한다. 이 신앙고백의 첫 구절 "알라 이외에 신이 없다"는 말은 기독교의 삼위일체 하나님을 배격하고 단일신 알라의 신앙을 강조하는 것이다. 두 번째 구절 "무함마드는 알라의 사자다"는 유대인들이 거부하였던 무함마드가 진짜 알라의 예언자라는 의미다. 다시 말해 유대교와의 차별성을 이야기하고 있는 것이다.

『꾸란』학과 의미번역

『꾸란』은 무함마드 사후에 여기저기 흩어진 『꾸란』 구절들을 오스만(644~656) 칼리파 시절에 모아 한 권으로 편집한 것이다. 총 114장으로 구성되어 있는 『꾸란』은 연대기 순서로 나열되어 있지 않고, 글의 길이가 긴 것에서부터 짧은 순서로 편집되어 있다. 그리고 각 장마다 메카 장과 메디나 장으로 구분하여 두었다. 메카 장과 메디나 장의 구분은 히즈라(메카에서 메디나로 이주, 622년) 이전과 이후로 나누는데, 메카 장은 히즈라(622) 이전에 내려온 것이고 메디나 장은 히즈라 이후에 내려온 것이다.

『꾸란』의 6,236절에서 600절 이하가 샤리아(율법)에 사용되었고 나머지 절은 교리에 관한 것이다. 이슬람 율법의 기초가 되는 가장 중요한 자료가 『꾸란』이다. 만일 『꾸란』에서 판결을 위한 사례가 없을 경우 무슬림에게 두 번째로 중요한 『하디스(무함마드의 말과 행위와 그가 동의한 것을 기록한 책)』를 참고하는데, 『하디스』의 내용 일부만이 이슬람 율법의 자료가 되었다. 그러나 여기에도 관련 조항이 없을 경우에는 법학자들이 유사 판례에서 유추하고, 그런데도 유추하기 어려우면 결국에는 법학자들이 만장일치를 통해 율법 조문을 확정했다. 『꾸란』은 무슬림이 어떻게 기도하고 금식하고 자선을 베풀고 순례하는가 등 무슬림으로서의 종교생활에 대한 지침뿐만 아니라 형사법·상속법 등 일상생활의 여러 규범을 담고 있다. 즉 『꾸란』은 종교서이기도 하고, 이처럼 이슬람 율법의 근본이 되는 자료이기도 한 것이다.

23년간에 걸쳐 무함마드 한 사람에 의해 전해진 『꾸란』은 14세기가 지난 후 이제는 무슬림조차 이해하지 못하는 구절들이 많다. 『꾸란』학자들은 아랍어가 아닌 다른 나라 말로 번역된 『꾸란』의 의미번역(가령, 한국어로 번역된 『꾸란』)은 『꾸란』이 아니라고 말한다. 낱말과 낱말을 대체하는 『꾸란』의 단어 대 단어 번역은 금지된다. 그리고 『꾸란』을 다른 언어로 해설하는 의미번역은 원본의 짜임과 순서를 고려하지 않기 때문에 『꾸란』이 의도하는 의미들과 일치하지 않으므로 『꾸란』이 아니다. 『꾸란』이 기계적으로 기록했다는 주장의 증거로, 그들은 무함마드가 읽고 쓸 줄 모르는 문맹이었음을 내세운다. 이는 『꾸란』이 오로지 신의 말씀이며, 인간의 생각이 한 점도 포함되지 않았다는 것을 강조하는 것이다. 즉 『꾸란』에 사용된 한 자 한 자가 모두 알라의 말씀이라는 것이다.

그러나 『꾸란』을 읽는 방법과 이에 대한 해석은 무슬림 학자마다 다를 때가 있다. 예를 들어 『꾸란』에는 "기도 전에 술 취하지 말라"는 구절과 "절대로 술을 마시지 말라"라는 두 구절이 있다. 7세기 당시에 아랍인은 술을 매우 좋아했다고 한다. 따라서 무함마드는 무슬림에게 일단 기도하러 갈 때만이라도 술에 취하지 말 것을 명했다. 이에 대해 요르단의 이슬람 학자 바실 박사는 하루아침에 술을 끊는 것이 어렵다는 점을 고려했기 때문이라고 설명한다. 그러나 그 후 무함마드는 앞으로 어떠한 경우에라도 술을 마셔서는 안 된다는 『꾸란』 구절을 받았다고 한다. 이런 경우, 이슬람 법학자들은 어느 구절(아야)이 적용되었다가 다른 구절이 내려오면 그 구절이 적용되고 첫 번째 구절은 법적 적용이 취소된다고 했다. 위와 같은 음주 금지가 지켜지지 않는 경우가 있는데 그것은 "술인지 전혀 모르고 마시거나 급히 생명을 살리기 위한 경우에는 음주가 허용된다"고 해석한다.

한편 앞서 말했다시피, 무슬림은 아랍어로 쓰인 것만을 진짜 『꾸란』이라고 여긴다. 그러므로 이슬람의 종교와 아랍어는 따로 떼어놓고 생각할 수 없다. 7세기의 고전 아랍어가 각색된 현대 표준 아랍어(격식체)는 신문과 공식적인 상황에서만 쓰이고, 대부분의 아랍인은 일상생활에서 아랍어 방언(대중 아랍어)을 사용한다. 아랍 학생들은 수업중에 대중 아랍어로 질문하고 대답한다. 택시 운전사도 온종일 대중 아랍어를 사용한다. 공식적인 상황에서 사용하는 언어와 일상생활에서 사용하는 언어가 이처럼 다르다는 현실을 수용하지 못하면 낭패를 당하기 십상이다.

아랍 국가에서 현대 표준 아랍어만을 사용하여 물건을 사려고 하면, 아랍인은 이것이 자신들의 언어생활과 다르므로 비웃는다. 무슬림에게 현대 표준 아랍어가 대중 아랍어보다 더 중요한 이유는 고전적인 표준 아랍어로 되어 있는 『꾸란』과 문법적인 골격을 공유하고 있기 때문이다.

『꾸란』 해석

> 내가 너로 큰 민족을 이루고 네게 복을 주어 네 이름을 창대하게 하리라. 너는 복이 될지라.　　　　　(「창세기」 12:2)
>
> 그가 그들과 알라가 아닌 것을 예배한 것을 멀리했을 때 우리(알라)는 그(이브라힘)에게 이스학과 야으꿉을 주었고 그 둘이 예언자가 되게 하였다.　　　　　(『꾸란』 19:49)

아라비아반도에서 발흥한 이슬람 제국에 점차 다른 민족들이 들어오게 되자, 이와 함께 그동안 아랍인이 경험하지 못했던 새로운 사상과 다양한 종교적 지식이 이슬람에 유입되었다. 이에 따라 10세기가 되면서 이슬람에는 두 개의 큰 신학 조류, 즉 아쉬아리파와 무으타질라파가 형성된다.

아쉬아리파와 무으타질라파 사이의 가장 큰 쟁점은 『꾸란』의 창조성에 관한 문제였다. 후자의 경우 『꾸란』이 창조되었다고 믿지만, 전자의 경우 『꾸란』은 알라의 말씀으로 천상에 있던 것이 그대로 내려왔으므로 『꾸란』은 절대 창조된 것이 아니라고 주장한다. 여기에서 '창조되었다'가 의미하는 것은 원래 천상에는 없었는데, 나중에 알라가 『꾸란』을 새로 만들어 무함마드에게 주었다는 것을 의미한다. 오늘날 대부분의 무슬림은 아쉬아리파를 신봉한다.

이성과 텍스트(전수)

무으타질라파는 교리적 논의에서 이성에 의존하고 이성을 전수보다 앞세웠다. 그러나 아쉬아리파는 알라를 믿되 질문은 하지 말라고 한다. 알라가 더럽다고 규정한 것은 더럽다고 믿으면 될 뿐 의심의 여지가 없다는 것이다. 다시 말해 알라가 뚜렷하게 가르쳐주지 않는 것과 『꾸란』에 대해 누가, 언제, 어디서, 어떻게라는 질문들을 결코 '묻지 말라'고 한다.

이는 알라가 모든 인간보다 진실하며 전지한 반면, 인간은 모든 것을 이해하기 어렵다고 보는 관점이라 할 수 있다.

그런데 기독교에서는 이성이 하나님을 인정하고 하나님의 말씀을 위해 봉사한다면, 그것은 하나님을 알기 위한 훌륭한 도구가 될 수 있다고 본다. 즉 이성은 원래부터 하나님과 상반되는 것이 아니라 단지 잘못 사용되어 하나님과 대적할 때가 문제라는 것이다.

여기에서 이슬람의 알라와 기독교의 하나님이 어떻게 다른지 잠시 설명이 필요하겠다. 이슬람의 '알라'는 『성경』의 「창세기」 1장 1절의 '엘로힘(창조의 하나님)'과 동일한 뜻을 가지고 있다. 하지만 이슬람의 '알라'에서는 「창세기」 3장 1절의 '여호와(구속의 하나님)'의 의미를 찾아볼 수가 없다.

다시 말하면 이슬람의 알라와 기독교의 하나님이 개체가 한 분이라는 면에서는 동일하지만, 알라와 하나님이 가지고 있는 속성은 각각 다르다는 것이다. 예를 들어 이슬람의 알라는 인간의 속성을 절대로 공유할 수 없다고 말하지만, 기독교의 하나님은 인간과 공유하는 속성과 하나님만이 갖는 고유한 속성이 따로 있다고 본다. 그러나 오늘날 아랍의 기독교인과 무슬림은 한 분이신 절대신을 가리킬 때 '알라'라는 아랍어를 사용한다.

극도로 문자적인 『꾸란』 해석

다시 본격적으로 『꾸란』 해석에 대해 살펴보자. 사우디아라비아의 와하비 운동(wahhabism, 추후 상술함)은 "알라에게 손이 있다"를 "알라에게 능력이 있다"라고 다른 의미로 해석하지 않고 이를 극히 문자적(letterism)으로 받아들인다. 반면에 이슬람 학자 알가잘리(1111년 사망)는 『꾸란』에 나오는 구절 "알라가 보좌 위에 있다"라는 말에 대해 형체가 없는 알라가 어떻게 의자에 앉을 수 있느냐고 반문하면서 문자 그대로의 해석을 부인한다. 그는 창조 전에 이미 알라는 존재했고 지금도 알라밖에는 없다고 말한다. 결국 알라는 아무것도 필요로 하지 않기 때문이라는 것이 그의 설명이다.

오늘날 수니파(아랍어 원음, 순니)의 이맘(예배 인도자)들은 『꾸란』이 등장한 7세기와 현재 21세기의 간극을 어떻게 연결지어 설교할까? 이들은 우선, 이슬람 대학에서 배운 대로 그리고 이전에 주석가들이 쓴 주석서를 참고하여 『꾸란』의 내용을 전한다. 『꾸란』에 무슬림 자신의 의견을 붙이거나 내용을 함부로 감하여서는 안 된다고 말한다. 그러나 이와는 반대로 금요일 설교에서 정치적인 선동을 하기 때문에 사우디아라비아·요르단·이집트에서는 설교를 감독한다.

무슬림은 오늘날 무슬림의 설교가 삶에 긍정적인 영향을

주지 못하고 있다고 한다. 그리고 금요일 설교에서 무슬림들이 관심 있어 하는 주제를 선정하지 못한다. 무슬림은 이들이 당면한 문제에 대한 답을 찾고 싶어 한다. 더구나 설교가 끝난 후에 무슬림 각자가 무엇을 해야 하는지 적용을 위한 질문이 없다는 것이다. 가령 설교자가 예루살렘 문제를 언급하여 청중을 선동해 놓고는 그 설교를 듣는 사람들이 무엇을 해야 하는지를 언급하지 않는다는 것이다.

무으타질라파는 이슬람 교리를 설명하는 데 그리스 논리학과 철학적 방법론을 빌려왔다. 아쉬아리파와 마투리디파도 이들과 비슷한 길을 걸어갔다고 생각한 살라피는 이들의 방식을 거부하고 이슬람 교리 연구는 살라프(무함마드의 동료, 그의 추종자, 추종자들의 추종자) 시기로 되돌아가야 한다고 주장하였다. 살라피는 인간 이성은 길을 잃어버리게 한다고 주장하고 텍스트의 외적 의미를 취하였다. 이로써 극도로 문자적인 해석(letterism)을 낳게 하였다.

유대교의 토라와 이슬람의 샤리아

여호와께서 이르시되 네 사랑하는 독자 이삭을 데리고 모리아 땅으로 가서 내가 네게 일러준 한 산 거기서 그를 번제(燔祭)로 드리라. (「창세기」22:2)

그가 컸을 때 그의 아버지와 함께 걸었다. 아버지가 그에게 말했다. "아들아! 내가 너를 제물로 바치는 것을 내 꿈에서 보았다. 네 생각은 어떠냐?" 그가 말했다 "아버지! 명령을 받으신 대로 행하십시오. 제가 인내하는 자라는 것을 아시게 될 겁니다." (『꾸란』37:102)

유대교의 율법서, 토라

고대로부터 내려온 수많은 법적 자료 중 가장 유명한 것이 함무라비 법전인데, 모세의 율법보다도 수백 년이나 앞선 것이다. 함무라비 법전은 광범위한 범죄에 대해 구체적으로 어떤 처벌을 가해야 하는지를 제시하고 있다. 이에 비해 모세의 십계명은 특정한 행동만을 금하고 있다.

일반적으로 '토라'는 율법서를 가리킨다. 『구약성경』은 율법서인 토라와 예언서 그리고 성문서로 구성되어 있다. 이 중에서 가장 중요한 책이 토라다. 토라는 곧 '모세 오경'인 「창세기」「출애굽기」「레위기」「민수기」「신명기」이 다섯 권의 책을 가리키나, 좀더 넓은 의미에서 『성경』 말씀 전체를 가리키기도 한다.

그러나 유대인에게 있어 『성경』 전체란 오로지 『구약성경』만을 가리킨다. 따라서 히브리어의 토라는 '모세 오경' 혹은 『구약성경』 전체를 가리키는 말로 사용된다.

「시편」 119편을 보면 '토라'라는 단어가 25번이나 나온다. 방향과 가르침이란 뜻을 가진 이 단어는 가르침을 주는 책, 즉 「신명기」와 「레위기」 등을 가리킨다. 그러나 「요한복음」 10장 34절에서는 토라에 상응하는 그리스어 단어 "노모(νόμῳ)"가 『구약성경』 전체를 가리키는 의미로 사용되었다.

일반적으로 '계명'과 '율례'와 '법도'를 명확한 구분 없이 쓰기도 하나 히브리어에서는 이들 간의 차이를 분명히 하고 있다. 여기서 '계명'은 도덕법의 핵심이다. 도덕법은 하나님의 무조건적인 명령으로 「출애굽기」 20장의 십계명에 잘 나타나 있다. 그리고 '율례'는 이스라엘의 종교법으로 성막·제사·절기 등을 규정한 것이다. '법도'는 사회법으로서 십계명 이후에 인간 상호간의 삶에서 구체적으로 실천하도록 하기 위한 세부적인 법의 적용을 가리킨다.

이스라엘의 법제도는 이스라엘 민족이 주변 강대국에 의해 삶의 터전에서 쫓겨나 각기 흩어지면서 궁극적으로는 사멸해갈 수밖에 없는 운명이었다. 그러나 정치적인 독립을 잃고 이스라엘 땅으로부터 실질적인 관계를 박탈당한 상황에서도 율법을 따르는 생활은 하루아침에 폐지되지 않았다. 전 세계로 흩어졌음에도 그들 자신의 율법과 이를 시행할 법정이 여전히 존속했다.

결국 디아스포라 중에서도 유대 법체계는 발전을 거듭해 갔다. 1세기 두 번째 성전(Temple)이 무너지기 전에 시행되었던 유대 율법의 일부가 법의 개념적인 기초를 제공해주었고, 바벨론 디아스포라 시절에 쓰인 『바벨론 탈무드』가 유대 율법을 발전시킨 주 요인 중의 하나가 되기도 했다. 이스라엘의 성전이 파괴된 이후에도 청결법과 성전에 관련된 율법 그리고 희생제물을 드리는 것과 관련된 율법은 정교하게 이론화되었다. 사람과 하나님과의 관계, 사람과 사람과의 관계 그리고 개인과 공동체와의 관계에 대한 유대 율법은 일상생활에서 실제적인 문제가 나타날 때마다 적용되곤 했다.

유대인 신앙의 원리에 따르면 모든 유대 율법의 뿌리가 되는 근거는 신의 계시다. 인간과 하나님과의 관계를 다스려주는 계명은 일상생활을 이끌어주는 규범을 형성시켰는데, 기도와 관련된 율법, 안식일과 공휴일 그리고 규정식에 대한 율법 등이 그 내용이다. 이런 내용은 이슬람 율법의 운용방식과 크게 다를 바가 없다.

유대교에서 비즈니스, 노동, 불법 행위와 범죄 등 사람들 간의 관계와 관련된 계명은 오히려 법적인 성격을 띠었다. 이같이 종교적이고 법적인 성격의 계명은 토라와 할라카(Halakhah: 유대 법체계의 율법적 자료로서 반드시 『구약성경』에서 따온 것은 아니다)에서 비롯된 것이다. 종교 의례에 관한 문제를 규정하는 할라카 법정은 계약·임대·매매 등을 포함한 민법 사건들도 판결했다.

종교적인 성격과 법적 성격이 분리될 수 없는 유대 율법의 사례는 실제 유대 아이들의 교육 과정에서도 잘 나타난다. 유대인 학생은 『탈무드』에 나온 율법을 공부하면서 안식일에 허용하는 것과 금하는 것을 배운다. 유대인들은 '종교적' 계명 외에도 범죄를 피하고자 '사회법적' 계명 또한 지켜야 했다. 십계명에서는 "하나님의 이름으로 거짓 맹세를 금하는 것"과 "도둑질하지 마라"와 "살인하지 마라(「출애굽기」 20:1~14)"가 동시에 등장하고 있다. "맹인 앞에 걸림돌을 놓지 말고 귀머거리를 모욕하지 마라"는 것과 "나이 든 사람 앞에서 일어나 존경을 표하라"라는 내용은 "너희는 너희 하나님을 공경하라, 내가 주님이시다(「레위기」 19:14, 32)"라는 말씀에 뿌리를 두고 있는 것이다.

유대 민족이 전 세계에 흩어져 있을 때도 유대 율법은 그들 민족의 법체계로서 존속되고 있었다. 이 유대 율법은 민족의 문화유산으로 통합적이고 기본적인 부분이자 이스라엘 사람들의 생활 원리였다. 종교적 성격과 더불어 유대 율법은 유대 민족의 법체계였다.

이 점에서는 유대 율법과 이슬람 율법이 서로 차이를 보인다. 유대 율법은 단일 민족에 속한 사람들이 창안하고 발전시켜왔으나 이슬람 율법은 서로 다른 민족과 종족들이 모여 만들어진 법이다. 수니(sunni) 이슬람은 법학자의 법해석에 대한 독자적 견해를 허용하거나(하나피파), 관습과 관례를 법조문에 추가했다(말리키파). 혹은 이 둘(독자적 견해와 관습)을 절충하거나(샤피이파) 더 많은 『하디스』 자료를 보충하여 법조문을 만들었다(한발리파).

알라가 제정해준 교리와 율법, 샤리아

이슬람의 창시자 무함마드는 그를 추종하여 모인 무슬림에게 공동체가 지켜야 할 이슬람의 교리와 법(샤리아)을 제시하였다. 그러나 그는 『꾸란』을 한곳에 모으기도 전에 죽었다. 무함마드가 죽은 직후에 무슬림의 법적인 문제를 어떻게 해결하였는지는 알려진 바가 없다. 무함마드의 사후에는 종교적·정치적 권한을 계승한 칼리파가 대법관이 되었다. 그 후 이슬람 제국이 팽창되면서 지역마다 대표자를 뽑아 그들에게 법적 판결의 권한을 위임했다.

이슬람 샤리아 율법은 이슬람 땅에 살고 있는 모든 사람들에게 적용되었다. 이슬람 정복 초기 유대교인과 기독교인들은 딤마(피보호민)의 계약에 속한 사람들이었다. 이들은 이슬람 국가의 국민으로서 이슬람의 삶의 방식과 그 국가의 법을 이행해야 하는 의무가 있었다. 그래서 유대교인과 기독교인들은 인두세(머릿수대로 세금을 냄)를 내야 했다. 이들 중 일부는 이 세금이 무거운데다 사회 진출도 어렵기 때문에 이슬람으로 개종해버렸다. 2004년 요르단에 사는 아랍 기독교인은 혼인·이혼·상속 등에서는 교회법을 따르고 나머지 모든 일상생활의 상행위와 민사상의 행위는 요르단 국가헌법을 따랐다.

무함마드의 행위 모범(순나)의 일부는 무슬림 윤리를 규정하는 기준이 되었다. 무슬림은 『꾸란』 다음으로 무함마드의 행위 모범을 중요하게 여긴다. 이 행위 모범은 무함마드에게서 직접 들은 이야기를 그의 동료들이 그의 제자들에게 전달하고, 그가 다시 그의 제자들에게 전하여 이렇게 전달된 일련의 내용들이 '『하디스(무함마드의 말과 행동과 그가 동의한 것을 기록한 책)』' 혹은 '순나(무함마드의 행위 모범)'라고 이름 붙은 것이다.

그러나 오늘날 이슬람 『하디스』의 대부분은 소수의 무함마드 추종자들이 듣고 보고 나서 다시 소수의 사람들에게 전한 내용이어서, 단지 절반 정도의 신뢰성만을 갖고 있다. 그래서 무슬림들은 『꾸란』을 반드시 읽어야 한다고 말하나 『하디스』는 반드시 읽어야 한다고는 하지 않는다. 어찌 되었든 무함마드가 알라의 메신저로서 말하고 행한 『하디스』 내용은 그의 사후에 이슬람법으로 입법화되는 데 중요한 자료가 되었다.

무함마드 사후 무슬림 공동체는 다양한 성격의 여러 문제에 직면하면서 그 해법이 가지각색이었다. 이들은 자신들의 말이 맞는다는 것을 방증하기 위해 무함마드가 생전에 뭐라고 말하였는지 어떤 결정을 내렸는지를 찾아나섰다. 그것이 곧 『하디스』를 모아 한 권의 책으로 만들어내는 동기가 되었다. 정치적 사건과 종교적인 사항들을 이슬람 공동체가 합법화하기 위해서는 유추와 합의가 필요했다. 그리고 누가 이 말을 했는지 하는 그 근원지를 찾았다. 그래서 만약 이 말이 상당히 신빙성 있는 사람들에 의해 전해진 것으로 판단되면 『하디스』내용에 포함시켰다. 그러나 당시 무슬림은 서로 다른 지역별로 독자적인 입법 방안을 가지고 있었기 때문에, 이를 이슬람법으로 입법화하는 과정에서 하나피파·말리키파·샤피이파·한발리파 등으로 나뉘게 되었다.

이 가운데 샤피이 법학자들은 무함마드의 『하디스』가 무함마드를 따르던 경건한 무슬림의 행위 모범보다 항상 절대적인 우선권을 가져야 하느냐에 대해 논쟁을 벌였다. 그러나 '『꾸란』은 무함마드의 『하디스』와 모순되지 않는다'라는 말에, 법학자 샤피이는 난관에 봉착하고 있었다. 당시 동일한 주제에 대해 서로 모순된 『하디스』의 내용이 나돌고 있었기 때문이다. 그렇기 때문에 샤피이는 무함마드의 『하디스』를 전하는 구두 전승의 전승자 연결고리(누가 누구에게 말했고 그 뒤에 누가 누구에게 말했다는 연결고리)들의 면면을 꼼꼼히 챙겨야 했다.

지난 200년간 아랍 이슬람 세계는 서구의 급격한 변화에 직면하면서 기존 법학파들의 엄격성에 불만을 느끼게 되었다. 이슬람 사상가들은 이즈티하드(법적 증거들로부터 일반적인 법률을 논리적으로 도출함)의 사용에서 새로워져야 한다고 주장하였다. 그러나 판결을 위한 관련 본문이 『꾸란』이나 『하디스』에 없는 경우에는 이와 관련된 법조문을 보고 해당 문제와 연결 지어 판결 근거를 제시한다. 이것을 흔히 유추(qiyaas)라고 한다. 샤피이 학파는 법 해석에서 이 유추의 방법을 수용했다.

이슬람 법학자들은 이슬람 율법 제정의 원천으로서 『꾸란』과 무함마드의 『하디스』는 모두 동의했으나 다른 원천에서는 의견을 달리했다.

하나피파의 아부 하니파는 법 제정의 원천을 『꾸란』, 순나, 무함마드의 동료와 동료 추종자들의 만장일치, 유추, 유추보다 우선하는 추론의 방식(이스티흐산), 통례 등 여섯 가지라고 했다. 말리키파의 말리크는 법의 원천을 『꾸란』, 순나, 메디나 사람의 행위, 무함마드 동료들의 파트와(법적 질문에 대한 무프티의 답변), 유추, 이스티흐산 등 여덟 가지로 확대했다. 샤피이는 법의 원천을 『꾸란』, 순나, 만장일치, 무함마드 동료들의 말이나 파트와라고 했고 한발리파의 이븐 한발은 법의 원천을 『꾸란』, 순나, 만장일치, 무함마드 동료들과 동료들 추종자의 파트와 그리고 유추라고 했다.

전통적으로 이슬람법의 원천은 『꾸란』, 무함마드의 『하디스』, 만장일치, 유추 등 네 가지다.

『탈무드』의 법과 삶

유대교인들도 조상들의 전통을 지키는 데 열심이었다. 조상들의 전통이라는 것은 랍비가 말하면 제자들이 듣고, 그 제자들이 다시 그들의 제자들에게 전하는 일련의 연결고리를 통해 전달되는 조상들의 법과 전통이다. 이것은 이슬람의 『하디스』와 비슷한 성격을 띤다. 무함마드 사후 그와 동시대에 있었던 동료(사하바)들과 이들에게서 전수받은 추종자들, 그리고 이 추종자들에게서 전해들은 제2세대 추종자들이 구전의 연결고리가 되었다.

유대교의 『탈무드』는 유대인의 구전 율법과 그 주석을 기록해놓은 것이다. 『탈무드』는 미쉬나(Mishna: 구전 율법을 기록한 원문)와 게마라(Gemara: 랍비들이 토론한 기록들, 기원후 300~400)로 구성되어 있고 미쉬나, 게마라 이 두 가지의 공통 목적은 유대인이 이 땅에서 어떻게 살아가야 하는가를 밝혀준다는 점이다. 미쉬나(250년경 유다 하나시가 편집함)는 글로 된 율법이나 구전 율법에 근거하고 있지만, 게마라는 다른 여러 의견의 분석이 기록된 것을 의미한다. 『탈무드』는 모세 율법에서 시작하였으며, 크게 『바벨론 탈무드(기원후 5세기 말~8세기 말에 편집됨)』와 『팔레스타인 탈무드(기원후 4세기 말~5세기 초에 편집됨)』로 나뉜다. 하지만 이 중 대체로 『바벨론 탈무드』가 더 정확하고 폭넓은 것으로 알려져 있다.

『탈무드』는 여섯 부분으로 구성되어 있다. 농사법(종자, 과일, 풀, 나무 등과 관련), 절기(안식일, 유월절, 장막절, 금식 등 명절 및 종교일과 관련), 여성(형제의 부인, 서원, 간통, 이혼법 등 약혼, 혼인, 이혼과 관련), 손해(보상, 태형, 맹세, 우상 숭배 등 민사와 형사법과 관련), 성별(제물, 헌물, 첫 출생 등 제사법과 관련), 정결(옷과 집, 가구, 한센씨병 등 정결법) 등을 다룬다.

이처럼 『탈무드』는 유대인들이 매일매일 어떻게 살아가야 할 것인가를 규정해주고 있다. 또한 『탈무드』는 전통과 관례와 법규·판결 그리고 모세법에 대한 해설을 담고 있다. 유대의 구전법(Oral Law)은 대개는 '모세 오경'을 해설한 미드라쉬(Midrash)와 랍비 율법의 판례인 할라카(Halakah), 그리고 속담이나 비유, 이야기들을 『구약성경』에 비추어 해설한 학가다(Haggadah) 등으로 이루어져 있다.

이슬람체제하의 기독교와 유대교

> 아브람이 여호와를 믿으니 여호와께서 이를 그의 의로 여
> 기시고….　　　　　　　　　　　　　　　　(「창세기」 15:6)
>
> (무함마드야! 그들에게 말하라) 알라는 진리를 알려주었다. 이
> 브라힘의 종교를 따르라. 그는 하니프(진리에서 빗나가지 않는
> 자)였고 다신 숭배자가 아니었다.　　　　　　(『꾸란』 3:95)

7세기 샴 지역(시리아·레바논·요르단·팔레스타인)과 북아프리카
내의 기독교 지역을 정복하기 시작한 이슬람체제하에서 이

슬람이 내세우던 종교적인 관용은 단지 구호에 불과했다. 당시 마지막으로 이슬람군에 대항하여 6개월 동안 포위당한 채 저항하고 있던 최후의 도시는 예루살렘이었다.

그때 그리스 정교회 총대주교 소프라노스(Sofranos)는 칼리드 븐 왈리드에게 "만일 이슬람의 칼리파(khalifah) 오마르(재위 634~644, 무함마드의 동료이며 군 지도자)가 예루살렘으로 오면 그에게 예루살렘을 내주겠다"고 말했다. 그러자 오마르는 말을 타고 예루살렘까지 왔다. 역사학자들은 예루살렘 그리스 정교회 총대주교와 맺은 협약을 오마르 협약(후세 무슬림들이 이 협약의 권위를 높이려고 오마르 칼리파가 했다고 함)이라고 부른다.

이 협약의 일부 내용을 보면 첫째로 로마인들은 팔레스타인(이스라엘) 내에서 떠나야 하며, 둘째로 토착민은 자신의 종교를 가질 수 있으나 본인이 원하면 이슬람으로 들어올 수 있다고 하였다.

그러나 칼리파 오마르가 죽고 난 뒤에 이 지역을 관할하던 무슬림 통치자들은 다음 세 가지 중 한 가지를 타종교인들에게 택하게 했다. 첫째, 인두세를 낸다. 둘째, 인두세를 못 내면 싸워보라. 셋째, 전쟁을 못 할 것 같으면 이슬람으로 개종한다. 결국 이런 과정에서 많은 기독교인이 어쩔 수 없이 이슬람으로 개종해야만 했다.

기독교인과 유대교인에 대한 박해의 역사는 다음과 같다. 704년경 마르완의 아들 무함마드는 아르메니아 귀족들을 성 그레고리 교회로 불러모아 모두 불태워 죽였다. 왈리드 1세(705~715)는 기독교인 포로들을 시리아 교회 곳곳에서 살해하였으며, 이들을 배교시키기 위해 여러 종류의 고문을 사용하기도 했다.

한편 오마르 2세는 유대교와 기독교를 버린 사람들에게는 인두세를 면제해주라고 명했다. 알만수르(754~775)하에서는 지금의 시리아 북부 지방 알레포의 북쪽 마라쉬 계곡 지역에 사는 전 기독교인들을 포로로 잡아 팔레스타인 지역으로 추방해버렸다. 마흐디(775~785)는 알레포 변경에 사는 기독교 부족이 무슬림이 되도록 고문을 가하였으며, 그 결과 5,000명의 남자들이 무슬림으로 개종하였다.

스페인의 이슬람 국가였던 안달루시아에서는 압드 알라흐만 2세(822~852)와 그의 후계자 무함마드 1세가 통치하던 때에 모든 공직자에게 이슬람으로의 개종을 요구했다. 그리고 1159년 튀니지에 사는 기독교인과 유대교인은 죽음이 아니면 이슬람을 택해야 했다.

1260년 맘루크(아랍어 원음, 맘룩)에 의해 몽고 군대들이 패배한 뒤 다마스쿠스의 기독교인들 중 일부는 살육당하거나 노예가 되었고 교회는 파괴되거나 불태워졌다. 1264년 이집트 카이로에서 기독교인들이 살아남기 위해서는 거액의 돈이 필요했다(Bat Ye'or, *The Decline of Eastern Christianity under Islam from Jihad to Dhimmitude*, pp.88~90).

무슬림이 주변 지역을 정복한 후 그곳을 이슬람화하는 방법에는 다음의 두 가지가 있었다.

첫 번째는 지하드(Jihad)인데, 지하드는 알라를 위하여 대항하는 것이고 살인자의 공격을 막는다는 취지에서 출발했다. 그러나 일부 무슬림은 전쟁에서 군사작전 중 방어적인 지하드를 한다고 했으나 일부 무슬림은『꾸란』에서 31번 나오는 '지하드'라는 말을 특정한 구절에서는 공격적인 지하드로 해석했다.

두 번째는 딤마제도(이슬람 국가의 속국민이 된 유대교인과 기독교인에 대한 보호 협약제도)로, 속국민이 이슬람의 보호를 받으려면 인두세(jizya)와 토지세(kharaj)를 내야 했다. 인두세는 사람 머릿수대로 세금을 내는 것을 말하고, 토지세는 말 그대로 소유한 토지에 대한 세금을 뜻한다. 인두세와 토지세를 내지 않으면 노예로 팔릴 수밖에 없었다. 이렇게 정복된 땅의 토지 대부분은 이슬람 공동체를 지원하는 기능을 했다.

이러한 세금제도는 비잔틴 제국의 세금제도를 그대로 답습한 것이었다. 딤마제도는 아랍 무슬림이 정치·경제·종교·문화 전 영역에 걸쳐 속국을 식민지화하는 방안이 되었다.

아랍인 무슬림에게 반항하는 콥트인, 아르메니아인, 베르베르인(아마지기), 페르시아인은 살해당하거나 다른 지역으로 추방당했다. 그리하여 인구가 줄어든 지역에는 아랍 베두인(유목민)들이 그 빈자리를 메우며 살았다.

물론 무슬림들이 이방인들을 전적으로 폭력과 착취로만 대한 것은 아니었다. 팔레스타인을 여행하던 칼리파 오마르는 인두세를 내지 못하는 몇몇 딤미(dhimmi: 무슬림 국가에서 속국민 보호 협약을 맺은 기독교인과 유대교인)를 석방해주기도 했으며, 이슬람 제국 압바시야조(750~1258) 때에는 많은 비무슬림이 관공서에서 일을 할 수 있었다. 그 밖에도 몽고 일한조(1265~1353) 때에는 종교 차별 정책이 폐지되었다. 파티마(아랍어 원음, 파띠마)조(909~1171)하에 있던 이집트·시리아·팔레스타인과 일부 마그립 지역(튀니지·알제리·모로코·리비아 지역을 말함)의 딤미들은 상당한 자유를 누리기도 했다.

그러나 북아프리카의 알무라비툰조(1045)하에서는 딤미들에 대한 박해가 이어지고 알무와히둔조(1042~1269)는 무슬림 치하의 스페인과 북아프리카에서 기독교 공동체를 괴멸시켜버렸다(공일주·전완경, 『북아프리카사』 참조). 그리고 맘루크(1250~1517) 치하 때에 유대교인과 기독교인들에 대한 박해는 다시 증가하였다.

결국 이슬람의 역사를 살펴보면 통치자의 성향에 따라

기독교인에게 호의를 베풀기도 하고 때로는 박해를 가하기도 했다. 1667년 예멘에서는 유대인들이 머리에 뭔가를 쓰는 것을 금하도록 하였으나, 그 몇 년 후에는 추위나 더위를 피하는 경우에서는 이를 허용하였다. 딤미들의 상황은 나라마다 그리고 법에 따라 차이를 보였다. 터키와 이집트의 하나피파와 말리키파는 좀더 관용적이었고, 시리아와 팔레스타인에서의 한발리파는 박해의 정도가 심했다. 딤미들에 대한 압박과 굴욕은 1,000년 이상 여러 지역에서 이루어졌다. 마그립 지역에서 유대인들은 맨발로 다녀야 했고, 예멘에서는 억지로 다리를 노출해야만 했다(Bat Ye'or, *The Dhimmi*, pp.67~72).

1948년부터 1970년대 초까지 아랍 이슬람 국가에 살았던 85만 명의 유대인들이 추방을 당하거나 이주를 했다. 2008년에는 이스라엘 땅을 제외한 중동과 북아프리카 지역에 유대인이 5,000명가량이 살았다.

요르단에 사는 아랍 기독교인들은 이슬람 국가에 살고 있으므로 (혼인과 이혼, 상속 등을 제외하고는) 요르단 헌법의 지배를 받는다. 한 예로 혼인 시 교회에서 발급한 혼인증명서를 가지고 정부 관할 사무소에 가서 신고하면 정부가 혼인증명서를 다시 떼어준다. 또 아랍 기독교인들이 살고 있는 이라크·시리아·요르단·팔레스타인·이집트·레바논·수단 등지에서는 군과 정보부의 주요 보직에 아랍 기독교인은 들어갈 수가 없다.

이슬람 국가에서는 이슬람을 전하는 것이 최대의 목표이고, 각급 학교는 좋은 무슬림을 양성하는 데 그 목적이 있기 때문이다. 따라서 좋은 직장을 찾아 그리고 이슬람 교육을 원치 않는 자녀들의 진학을 위해 중동에 살던 수많은 아랍 기독교인이 서구로 이민을 떠나갔고, 아직도 이 행렬은 계속되고 있다.

천년설과 이스라엘의 역할

> 여호와께서 아브람에게 나타나 이르시되 내가 이 땅을 네 자손에게 주리라 하신지라. 자기에게 나타나신 여호와께 그가 그곳에서 제단을 쌓고…. (「창세기」12:7)
>
> (알라를 예배하기 위하여) 사람들에게 지어준 최초의 집은 박카(bakkah)에 있는데 그 집은 모든 사람을 안내해주고 유익이 많은 곳이다. (『꾸란』3:96)

「역대기」사가는 예루살렘 성전에서 드리는 신실한 예배만

이 하나님께 드리는 온전한 예배라고 이야기하고 있다(「역대기하」6:6). 반면 기독교에서는 예루살렘 성전이 아니더라도 매일매일 계속되는 삶의 현장에서 하나님의 뜻에 온전히 순종하고 찬양하며 그의 말씀대로 살아가는 삶을 예배라고 한다. 유대인들은 이스라엘, 특히 예루살렘은 하나님이 주신 땅이라고 믿고 있다.

그러나 기독교인은 크게 두 부류의 사람들로 나뉜다. 첫 번째 부류는 하나님의 땅은 이 지구상의 땅과는 아무 상관이 없다고 본다. 즉 『신약성경』에는 이스라엘이 반드시 팔레스타인 땅에 나라를 세워야 한다는 말씀이 없다고 보는 것이다. 이들은 기원전 536년 이후 유대인들이 바벨론 귀향에서 돌아온 일을 예레미야 예언이 성취(「역대기하」36:22)되었다고 본다. 그러나 다른 부류의 기독교인들은 『구약성경』의 약속에 근거하여 유대인들이 반드시 예루살렘을 회복한다고 믿는다.

이와는 달리 무슬림에게는 알라의 땅이 다르 알 이슬람(무슬림 국가)이고 예루살렘은 이슬람의 세 번째 성지가 있는 곳이다. 예루살렘은 한때 모든 무슬림들의 기도의 방향이 되었던 곳, 또는 무함마드가 밤에 여행을 한 장소이기도 했다. 이슬람에서는 알라의 뜻에 절대 복종하는 것을 강조하면서 '(알라에게) 엎드리는 곳'을 의미하는 마스지드(모스크, 사원)에서 예배를 드린다.

모스크의 한쪽 벽면에는 예배의 방향을 가리키는, 즉 사우디아라비아 메카에 있는 카바(아랍어 원음, 카아바)의 방향을 가리키는 미흐라브(아랍어 원음, 미흐랍)가 있다. 유대교인들과 사이가 좋았던 이슬람 초기 무슬림은 예루살렘을 향해 예배를 드렸다.

그러나 유대인들과 사이가 나빠지자 예배의 방향을 메카의 카바로 바꾸어버렸고, 유대인들의 대속죄일에 하루 금식하던 것을 라마단 한 달 동안 해가 떠서 질 때까지 금식하도록 바꾸었다. 게다가 무슬림들은 죽은 후에도 망자의 머리를 메카의 카바(신전)로 향하게 하여 이슬람 안에서 하나 됨을 강조한다.

하지만 2019년 카타르는 사우디아라비아의 메카 순례를 국제적인 관리하에 두어야 한다고 주장했다. 이에 대해 사우디아라비아 당국은 메카 순례를 정치화하지 말라고 맞섰다. 역사적으로 무슬림들은 여러 카바를 세우려고 했는데 그중에는 나즈란의 카바, 샤다드 알아야디의 카바, 가짜판의 카바, 디 앗샤리의 카바 그리고 알꾸드스라고 불리는 디 가바의 카바가 있었다. 이런 카바는 메카에 있는 카바의 정통성을 약화하려는 시도였다고 오늘날 무슬림들은 주장한다.

「역대기상」과 「역대기하」를 보면 유대인들이 성전 건축과 예배에 얼마나 관심이 많았는지를 알 수 있다. 유대인은 성전 예배를 조직화하고 성전 건축에 그들의 신앙을 모았다. 성전은 그들이 예배를 드리는 장소였을 뿐 아니라 그들 삶의 중심이기도 했다.

따라서 오늘의 유대인 역시 자신들의 조상들과 마찬가지로 이들 성전을 재건하여 예배의 회복을 꾀하려고 하는 것이다. 물론 유대인만이 예루살렘의 성전 회복을 꿈꾸는 것은 아니다. 기독교인 중에서도 세대주의 신앙을 가지고 있는 사람들은 예루살렘의 성전에서 제사를 지낼 날을 기다리고 있다.

그렇다면 예루살렘 성전의 회복과 더불어서 기독교인들이 이스라엘에 대한 하나님 약속의 성취를 어떻게 이해하는가를 살펴보자. 약속의 성취에 대한 해석의 차이에 따라 흔히 '무천년설'와 '전천년설' 그리고 '후천년설'로 나뉜다.

무천년설은 이스라엘에 대한 약속들이 지금도 계속 성취되어오고 있다고 본다. 그러나 전천년설은 이런 약속들이 아직 성취되지 않았으며 아직 오지 않은 미래에 성취될 것으로 믿는다.

먼저 '전천년'과 '후천년' 그리고 '무천년설'이 무엇인지부터 잠시 살펴보도록 하자.

무천년설

'천년설' 자체는 예수 그리스도가 이 세상에 언제 오시느냐에 대한 해석이다. 무천년설 주창자는 지금이 바로 교회 시대(「요한계시록」 20:1~6)이며, 사탄의 영향력이 점차 줄어들어 복음이 온 세상에 전파되는 시기라고 말한다. 그리스도와 함께 천 년 동안 이 땅을 다스릴 사람들은 이미 죽은 그리스도인들이며, 그들이 하늘에서 그리스도와 함께 통치하고 있다는 것이 바로 무천년설의 관점이다.

천 년 동안 행해지는 그리스도의 통치란 땅 위에서 이루어지는 육체적인 통치가 아닌 하늘의 통치를 말한다. 무천년이라는 말은 그리스도가 다스리시는 천 년이 지금 진행 중에 있으므로 미래에 다가올 천 년이라는 개념은 없다고 보는 것이다. 「요한계시록」 20장에서 표현되고 있는 것이 교회 시대인 지금 여기에서 성취되고 있기 때문이다. 그러나 정확히 교회 시대가 언제까지인지, 즉 그 천 년이란 수치가 언제부터 언제까지를 가리키는지는 명확하지 않다. 그들은 이것이 그저 어렴풋하게 하나님의 완전한 목적이 성취되는 오랜 기간을 가리킨다고 믿고 있다.

무천년설에 따르면 이러한 교회 시대는 그리스도가 오실 때까지 지속할 것이라고 한다. 그리스도가 이 땅에 오시는,

즉 재림의 때가 오면 육적으로 죽었던 모든 사람이 부활하여 몸과 영이 다시 결합할 것이며, 그리스도를 믿는 자는 영원한 천국의 기쁨에 참여하고 믿지 않는 자들은 최후의 심판을 받아 영벌(永罰)에 처한다(「고린도후서」 5:10)고 한다. 그들에 따르면 바로 이때부터 새 하늘과 새 땅이 시작된다. 마지막 심판 직후 영원한 상태가 시작될 것이며 그것은 영원히 계속된다. 일부 무천년설 주창자는 그리스도가 어느 때든 상관없이 오실 것이라고 주장하지만, 일부에서는 그리스도가 오실 때에는 어떤 징후가 나타나야 한다고 말하기도 한다.

후천년설

후천년설 주창자들은 천 년이 흐른 후에 그리스도가 이 세상에 다시 돌아온다고 주장한다. 이들은 복음이 전파되고 교회가 성장함에 따라 점차 예수를 믿는 사람들이 늘어나게 되며, 그 결과 기독교의 영향력이 커지고 세상은 점점 더 하나님의 뜻에 합당하게 바뀌어간다고 본다. 이러한 현상이 점점 더해지면, 점차적으로 '평화'와 '의'의 천 년 시기가 이 땅위에 도래하게 되고, 정확한 수치로서의 천 년은 아니지만 그 천 년만큼의 오랜 세월을 의미하는 기간이 지속된다고 믿는다.

후천년설 주창자들에 따르면 이 천 년 시기가 끝나는 마지막 시점에 그리스도가 이 땅 위에 재림하고, 그리스도를 믿는 자와 믿지 않는 자 모두 부활하여 마지막 심판이 이뤄진다. 그때 비로소 새 하늘과 새 땅이 시작된다.

후천년설은 세상에 점점 '평화'와 '의'가 풍성해진다고 보았다. 만약 세상에 전쟁과 갈등이 점점 사라져간다면 그들의 주장이 설득력을 얻을 수 있을지 모르나, 오늘날과 같이 분쟁이 더욱 심화되어가는 세상에서 이러한 후천년설은 하나의 바람에 불과할 것이다.

전천년설

마지막으로 알아볼 것은 전천년설인데, 이는 역사적(고전적) 전천년설, 환란전 전천년설(세대주의) 그리고 점진적 전천년설 등으로 나뉜다. 전천년이란 말은 그리스도가 천 년의 시기 이전에 돌아온다는 것을 뜻하며, 전천년설은 현재의 교회시대가 대환란이 올 때까지 지속된다고 보는 관점이다. 즉 교회시대의 끝에 환란이 오고, 그 후 그리스도가 이 땅으로 돌아와 천년왕국을 세운다는 것이다.

전천년설에 따르면 이때에 그리스도는 부활체(부활의 몸)로 이 땅 위에 몸을 입고 나타나 왕으로서 온 땅을 다스린다. 육적으로 죽었던 그리스도인들과 그리스도가 재림할 때 이 땅 위에 있던 성도들은 영광스런 부활체를 받는다. 이런 부활체의 모습으로 그들은 정확히 천 년 동안 그리스도와 함께 이 땅을 다스린다. 그러나 소수의 전천년설 주창자들은 이 천 년이 문자 그대로의 천 년은 아니며, 그저 상징적인 수치라고 말하기도 한다. 예수 재림시 이 땅 위의 믿지 않는 자들 가운데 많은 사람들이 그리스도에게 돌아와 구원을 받을 것이며, 예수는 완전한 '의'로써 이 땅을 다스리고 땅 위에는 평화가 있을 것이라고 그들은 주장한다.

많은 전천년설 주창자들은 이 땅이 다시 새로워질 것이라고 말한다. 그러나 이들 중 일부는 새 하늘과 새 땅은 마지막 심판이 있고 난 뒤에야 볼 수 있을 것이라고 말하기도 한다. 천 년 동안 이 땅에서 사탄의 영향력은 없을 것이다.

천 년 기간이 끝나면 사탄이 무저갱에서 풀려난다. 사탄은 외적으로는 그리스도에게 복종하는 척하나 내적으로는 그리스도를 거부하는 불신자들과 합류하여 세력을 형성한다. 사탄은 이들 반역도들을 모아 그리스도에게 대항한다. 그러나 그들은 이 싸움에서 결정적으로 패하게 된다.

그리스도는 역사를 통해 이미 죽었던 불신자들을 죽음에서 부활시켜 마지막 심판을 한다. 심판 후에는 그리스도를 믿는 자들만이 영원한 상태로 들어간다. 이러한 전천년설은 교회가 박해를 당하고 악과 고난이 이 세상에 가득 차 있던 시기에는 상당한 설득력을 갖고 있었을 것이다.

전천년설 중에 19세기와 20세기에 미국과 영국에서 폭넓은 인기를 얻었던 세대주의적 전천년설이 있다. 이들은 그리스도가 천 년 전 그리고 대환란 전에 돌아온다고 믿었다. 이는 앞의 역사적 전천년설과 비슷하나 한 가지 중요한 차이가 있다. 세대주의적 전천년설 주창자들은 그리스도가 천 년간 이 땅을 다스리기 위해 재림하기 전, 한 번 더 그리스도의 재림이 있다고 말한다(일부 세대주의자들은 두 번 이상의 부활을 이야기하기도 한다). 이러한 재림은 그리스도를 믿는 자들을 세상에서 데려가기 위해 오시는 비밀스러운 재림이라고 말한다(「데살로니가전서」4:16~17).

세대주의자들은 그리스도가 이 땅 위의 성도들을 데리고 하늘로 되돌아가신 후 이 땅 위에 7년 동안의 대환란이 있을 것이라고 주장한다. 그리고 그리스도가 재림하기 전에는 재림을 상징하는 많은 징후가 나타난다고 지적한다. 그 징후들로 먼저 그리스도를 메시아로 믿는 유대인들의 숫자가 충만해지는 것을 꼽는다. 환란중에 새로이 믿게 된 유대 기독교인들에 의해 효과적인 전도가 이뤄진다. 환란이 끝나면 그리스도가 성도들과 함께 천 년 동안 이 땅을 다스리기 위해 다시 돌아온다. 이 천 년 시기가 끝나면 반역이 있으나 결국 사탄과 그의 세력들은 패하고 만다. 그런 후 믿지 않는 자들의 부활이 있고 마지막 심판이 있으며 영원한 상태가 시작된다.

환란전 전천년설의 특징은 교회와 이스라엘을 각기 구분하는 세대주의자들에게서 볼 수 있다. 이들은 가능한 한『성경』을 문자적으로 해석한다. 이는 이스라엘에 대한『구약성경』의 예언을 적용하기 위함이다. 이들은『구약성경』에 기록되어 있는 이스라엘에 주실 하나님의 축복에 대한 예언은 유대 사람, 즉 자신들에게서 성취되며, 이런 축복이 교회 안에서는 성취될 수 없다고 보았다.

이렇듯 그리스도가 돌아올 수 있다는 것은 예수 그리스도의 복음을 전하는 데 큰 힘을 실어준다. 그러나 동시에 이스라엘의 역할을 무시할 수 없고 결국 예루살렘에 성전을 세워야 한다는 점은 오늘날 이스라엘과 아랍 팔레스타인 간의 첨예한 갈등을 부추기는 촉매작용을 일으키기에 충분했다. 전천년설 주창자들 사이에서도 천 년 기간 중 이스라엘의 역할 혹은 이방인이나 유대인 중 구속받은 사람들이 어떻게 참여할 것인가에 대한 의견이 분분하다.

세대주의적 전천년주의는 종종 친시온주의자(pro-Zionist)

로 불리는데, 그것은 현재 하나의 국가로서의 이스라엘이 이 땅의 종말에 어떤 역할을 맡고 있다고 보기 때문이다. 더구나 세대주의자들은 "이스라엘과 친해야 복을 받는다"고 주장하기도 한다.

만약 세대주의적 전천년주의자들이 시온주의와는 별다른 관계가 없다는 주장을 받아들인다 해도 여전히 오해의 여지를 남겨두고 있는 것은, 이들이 예루살렘에 성전을 세우자고 주장하기 때문이다. 이로 인해 중동에 있는 정교회와 가톨릭은 개신교인들을 하나로 싸잡아 '시온주의자'로 몰아붙인다. 또한 무슬림은 이 문제를 아랍과 유대인 간의 정치적인 문제와 연결지으면서 이스라엘 국가를 '적'으로 지칭한다.

이스라엘과 아브라함의 약속

많은 그리스도인을 괴롭히는 전천년설의 또 다른 양상은 '때의 징후들'을 확인하려고 노력한다는 것이다. 가끔 자연적인 재난, 교회 안에서의 배교, 공학의 발전, 권위(독재)주의적 정치 지도자들의 출현 등과 같은 것들이 '종말에 가깝다' 하거나, 혹은 그리스도의 재림이 '가깝다'거나 '임박하다'는 증거로 인용된다.

현 시대에서 나타난 뚜렷한 표적으로서 중동과 이스라엘 국가의 성쇠에 그 관심이 쏠리고 있다. 표적을 구하다가 연대 측정의 막다른 골목에 다다를 수 있다는 사실은 제쳐두고라도, 시오니즘과 이스라엘의 국가를 하나님이 하신 일로 동일시하려는 경향은 이 땅의 평화에 전혀 도움이 되지 않는 정책을 도울 수도 있다. 그 결과 미국이 중동의 전쟁에 쉽게 개입할 수 있으며, 때에 따라서 많은 복음주의자는 이런 충돌을 가져오게 하는 입장과 태도에 책임을 져야 할지도 모른다(Robert G. Clouse, *The Meaning of Millennium*, pp.211~212).

이스라엘 국가에 대한 하나님의 약속에 근거하여 오늘날 이스라엘 국가의 당위성을 주장하는 세대주의적 전천년설은 이스라엘 국가에 대한 하나님의 약속의 무조건적인 요소들을 강조한다. 세대주의의 영향하에 놓여 있는 일부 아랍 기독교인 중에는 "절대로 정치적인 의미로 이스라엘이라는 낱말을 쓰는 게 아니라"고 주장하는 부류가 있다.

그러나 아랍인 중에 무천년설 주창자들은 천년왕국에서 이스라엘의 역할을 아예 제외시켜버린다. 심지어 루이스 하마다와 같은 아랍 전천년설 주창자도 미래에 이스라엘을 특별한 위치에 두지 않는다. 그는 아브라함의 언약을 이스라엘에만 속하는 것으로 보지 않고, 모든 구속받은 하나님의 자녀에게 속한 것으로 본다. 그의 종말론은 회케마(A.A.

Hoekema)와 같은 무천년설 주창자의 입장과 일치한다. 그는 현대 국가로서의 이스라엘과 선택된 하나님 백성으로서의 이스라엘을 구분한다.

댈러스 신학교의 유진 머릴(E.H. Merrill)은 하마다의 생각을 '매우 기대에 어긋나는 것'으로 치부하고, 하마다가 아랍-이스라엘 관계의 복합성에 동정을 보낸 것으로 간주하였다. 그는 덧붙여서 하마다가 하나님의 언약의 백성인 이스라엘에 하나님이 주신 지속적인 역할을 빠뜨리고 있다고 주장한다. 이스라엘에 관해 하나님이 하신 언약을 받아들인다고 해서 아랍인들에 대한 하나님의 사랑을 부인하는 것은 아니라는 말이다.

다른 어떤 아랍인은 하마다를 가리켜 유대 민족에 대한 깊은 편견을 노출시킨 아랍인의 예라고 지적하기도 한다. 유대인들에 대한 이러한 증오심은 모든 아랍 기독교인들 사이에 일반적으로 널리 퍼져 있다. 이런 감정은 『성경』을 읽을 때, 특히 종말론적 견해에 영향을 끼치며, 아랍 무슬림과의 관계에도 영향을 준다.

오늘날 서구 기독교인은 대체로 친이스라엘 반팔레스타인 입장을 견지하고 있다. 한편 아랍인은 한결같이 미국이 항상 이스라엘의 편에 서 있다고 말한다. 미국 교회를 방문한 아랍인이 교회 내에서 친이스라엘적인 발언을 들을 경우

다시는 교회로 돌아오지 않
는다고 아랍 기독교인들은
이야기한다. 그만큼 아랍인
들에게, 특히 아랍 무슬림에
게 '이스라엘'은 가장 민감
하며 예민한 단어다. 그래서
아랍 국가들의 지도에는 '이
스라엘'이라는 국가명이 없
다. 대신 그 자리에 '팔레스
타인'이라는 국명을 써 놓았

통곡의 벽.

다. 중동 무슬림 중 아무나 붙들고 이스라엘에 관해 물어보
아도 '좋은 답'을 기대하기 어렵다.

유대인들과 아랍인들 간의 갈등을 이삭과 이스마엘 간 갈
등의 연장으로 보는 사람들도 있으나 두 인물이 나오는『성
경』본문을 잘못 해석한 것이다. 바벨론 포로 이후, 솔로몬
성전 자리에 다시 성전을 세웠지만 그 성전은 얼마 지나지
않아 로마인들에 의해 파괴된다. 다행히 파괴의 풍파 속에
살아남아 있는 것이 그 유명한 서벽(통곡의 벽)이며, 이는 오
늘날 유대인들의 정치적 주장을 상징하고 있다.

이스라엘 사람들은 하나님이 아브라함에게 한 언약을 통
해 현재의 이스라엘 땅을 아브라함의 자손인 자신들에게 영

원히 약속하신 것이라고 주장한다. 현재 이스라엘의 국경선은 3,000년 전에 여호수아가 가나안 땅을 점령한 지역과 거의 비슷하다.

그러나 아랍 팔레스타인 사람들은 가나안 사람들과의 연결고리를 통해 자신들의 권리를 주장한다. 즉 인종이 아닌 관습과 전통적인 유산에서 연결고리를 찾는 것이다. 팔레스타인 아랍 사람은 그 땅의 참된 주인은 자신들이라고 말한다. 오랜 기간을 거치는 동안 많은 사람들과 잡혼을 하면서 이어져 내려온 사람들이 바로 자신들이라는 것이 그 이유다. 이런 두 극단에서 유대인과 팔레스타인 사람들은 지금도 여전히 서로에게 총부리를 겨누고 있다.

이스라엘 땅

> 이에 아브람이 여호와의 말씀을 따라갔고….(「창세기」 12:4a)
>
> 그의 주님이 그(이브라힘)에게 말했다. "복종하라." 그는 "저는 인류의 주님께 복종했어요"라고 대답했다.   (『꾸란』 2:131)

이스라엘의 역사

우리가 이스라엘 국가라고 부르는 영토(요르단 서안에서 지중해 사이, 그리고 레바논 남쪽 지역에서 시나이반도 북쪽 지역까지)가 모두 이스라엘 국가의 땅이 아니고 가자 지구와 라말라 지역 이외에 여러 지역이 팔레스타인 자치 영토에 속한다. 다시 말하면 이스라엘 국가와 팔레스타인 국가가 서로의 영토를 구분 짓고 있다.

마흐무드 압바스 팔레스타인 자치 정부 수반은 2013년부터 국가의 공식 문건에는 "다울라 필라스띤"(팔레스타인 국가)을 사용하였다. 대개는 팔레스타인 국가를 "팔레스타인"이라고도 한다. 아랍인들은 그들의 지도에서 유대인과 팔레스타인 아랍 사람이 사는 지역을 모두 팔레스타인이라고 지칭하고 있고, 반면 이스라엘 사람들은 이 지역을 모두 이스라엘이라고 한다.

이 책에서 '이스라엘 땅'은 이스라엘 민족이 사는 지역을 가리킨다. '팔레스타인 땅'은 아랍 팔레스타인 사람이 거주하는 여리고 지역, 가자 지구, 예루살렘 일부 지역 그리고 이스라엘의 일부 내륙 지역(제닌, 나불루스, 라말라, 헤브론 등)을 가리키겠다.

정확한 연대는 알 수 없으나 기원전 2000년경 아브라함은 하나님의 명령에 따라 하란으로부터 팔레스타인의 구릉 지대로 이주했다. 당시 그 땅에는 어느 셈족 혹은 다른 민족이 거주하고 있었는데, 「창세기」 기자는 겐 족속, 그니스 족속, 갓몬 족속, 헷 족속, 브리스 족속, 르바 족속, 아모리 족속, 가

나안 족속, 기르가스 족속, 여부스 족속이 그 땅에 살았다고 전하고 있다.

그런데 아브라함과 그의 자손들의 가나안 정착은 오랜 가뭄으로 인해 요셉 시대에 애굽, 즉 이집트로 그 삶의 영역이 옮겨진다. 세대를 지나오면서 히브리인은 이집트에서 노예의 신분으로 떨어지고, 착취와 억압에 못 견딘 히브리인들은 모세의 지도 아래 이집트에서 탈출한다. 모세가 죽은 후 여호수아는 히브리인을 이끌고 요르단강을 건너 가나안 땅으로 들어온다. 가나안 땅에 살고 있던 거주민과의 전투를 통해 유대인은 북쪽으로는 헬몬산까지 그리고 서쪽으로는 지중해까지, 남쪽으로는 사해 바다 끝까지를 차지하게 된다. 이렇게 영토를 확보한 후 요르단강 동쪽 지역은 갓 지파, 르우벤 지파, 그리고 므낫세 반 지파(므낫세 지파를 반으로 나눔)에게 분배하였다. 히브리인들은 그 땅 전체(현재의 요르단 땅)를 정복하지는 못했다.

2019년 여름 팔레스타인 대통령 마흐무드 압바스는 라말라에서 행한 연설에서 "이 땅은 가나안 사람의 땅이고 우리가 바로 가나안 사람(가나아니윰)이다"고 했다. 마흐무드 압바스와 현재의 팔레스타인 사람들은 아랍 무슬림인데 이들이 5,000년 전에 그 땅에 살았던 가나안 사람이라고 말할 수 있을까? 그는 덧붙여서 "팔레스타인 땅에 사는 무슬림과 기독교인은 형제이고 기독교인들은 소수 종족이 아니"라고 했으며 가자 지구와 요르단강 서안과 예루살렘이 팔레스타인 국가의 땅이고 그 수도는 동예루살렘이라고 주장했다.

통일 왕국(이스라엘과 유다)의 첫 번째 왕 사울(기원전 1030~기원전 1010년경)은 해안평야와 구릉 지대의 많은 땅을 지배했던 블레셋(오늘날 팔레스타인 사람과 아무런 관계가 없음)을 물리치기 위해 전쟁에 나섰다. 사울이 전쟁에서 전사한 후에는 다윗(기원전 1010~기원전 971년경)이 그 뒤를 계승했다. 다윗은 요르단 동편 지역으로 눈을 돌려 남쪽의 에돔(현재 요르단 페트라 지역), 사해의 동쪽에 있는 모압(요르단 카락 지역) 그리고 사해 북쪽에 있는 암몬(요르단 수도 암만을 중심으로 한 지역)과 북쪽의 아람(시리아 땅과 그 주변 지역)까지 영토를 확장했다. 기원전 931년경 다윗의 아들 솔로몬이 죽은 후 나라는 왕권의 분열로 인해 북쪽의 이스라엘(기원전 931~기원전 722)과 남쪽의 유다(기원전 931~기원전 586)의 두 국가로 갈라지게 된다.

기원전 722년 북이스라엘의 수도인 사마리아가 앗시리아(이라크 북부 모술 지역에 세워졌던 국가)에게 점령당한 후 북이스라엘은 멸망했다. 그 결과 북이스라엘의 많은 사람들이 추방당하거나 노예로 팔려갔다. 남유다 사람들 역시 기원전 597년 바벨론(이라크 수도 바그다드의 남쪽에 세워진 국가)의 느부갓네살 왕(기원전 605~기원전 562)에 의해 수도인 예루살렘이 포위당했다. 여호야김 시대에 느부갓네살이 예루살렘에 올라오니 여호야김이 그를 3년 섬기다가 배반했고 이로 인해 첫 번째 포로들이 잡혀갔다(『열왕기하』 24:1).

여호야긴이 왕이 되었더니 느부갓네살이 그 성에 이르렀고 여호와 전의 보물과 왕궁 보물이 약탈당하고 두 번째 포로들이 잡혀갔다(『열왕기하』 24:11, 14). 그리고 시드기야가 왕위에 나아가서 바벨론 왕을 배반하니, 기원전 589년 예루살렘이 포위당하고 결국 예루살렘 성읍이 파괴되었으며(『열왕기하』 25:8~11) 예루살렘의 사람들이 세 번째 포로로 끌려가게 되었다.

모두 여섯 차례 바벨론 포로로 끌려간 뒤 70년간(기원전 605~536) 포로 기간이 지나갈 때 기원전 539년 바벨론을 점령한 페르시아의 고레스(Cyrus) 왕은 바벨론으로 추방되어 살고 있던 유다 왕국에서 온 사람들을 그들의 나라로 되돌려 귀향시키는 유화책을 폈다. 이러한 정책에 따라 바벨론 포로로 잡혀 있던 무리 중 첫 번째로 유대인들이 기원전 538년 세스바살과 스룹바벨과 예수아(『에스라』 1:11~2:2)의 인도 아래 예루살렘으로 귀향하였다. 바벨론에서 두 번째 귀환은 기원전 458년 에스라가 리더였고(『에스라』 7:6~9) 세 번째 귀환은 기원전 445년 느헤미야가 리더(『느헤미야』 2:1)였다.

바벨론으로부터 돌아온 유대인들은 솔로몬 성전 자리에

스룹바벨 성전을 세웠으나, 독립 국가를 세울 정도로 성장하지는 못했다. 바벨론 제국 이후에 페르시아-그리스-로마 제국이 연달아 등장했다. 기원후 132년 바르 코크바에 의한 유대인 반란은 기원후 135년 로마군이 다시 예루살렘을 점령하는 계기가 되었고, 이로 인해 유대인들은 핍박을 당했다.

그러면 여기서 화제를 바꿔 무슬림들이 언제부터 예루살렘을 점령했는지 살펴보자. 이슬람의 창시자 무함마드가 죽은 지 5년 후 637년 칼리파 오마르가 비잔틴 통치자의 항복을 받으려고 예루살렘에 입성했다. 그 후 이 지역은 661년 이슬람의 우마이야(아랍어 원음, 우마위야)조, 750년 압바시야조, 868년 툴룬(아랍어 원음, 뚤룬)조, 937년 이크시드(아랍어 원음, 이크쉬드)조, 969년 파티마조, 1173년 아이윱조, 1265년 맘루크조에 의해 통치되었다. 그리고 1516년부터 오스만 터키가 400여 년간 점령하였고, 1916년에 샤리프 후세인의 혁명이 일어난 뒤 1920년부터 1948년까지 영국의 지배를 받는다.

가자 지구와 요르단강 서안은 1948~67년 아랍인들의 거주 지역이 되었다. 그러나 이 지역도 1967년부터 1994년까지는 이스라엘의 지배를 받았다. 1987년 아랍 팔레스타인 사람들의 민중 봉기(인티파다)가 있었고 1991년 마드리드 회담 그리고 1993년 오슬로 협약이 있었다.

그러다가 1994년 이후 팔레스타인 자치가 부분적으로 이뤄지기 시작하였다. 2007년 6월 이후 가자 지구를 무슬림 형제단에 속한 하마스가 다스리고, 라말라와 요르단 서안 지역은 파타흐(전 팔레스타인 민족 해방운동)의 마흐무드 압바스의 정부가 다스리고 있다.

결국 7세기 이슬람이 이 지역을 점령한 이후부터 이 지역 거주민들은 점차 이슬람교로 개종하기 시작했다. 그러나 13세기까지 이슬람교는 이 지역에서 그리 널리 신봉되지는 못했다. 그리고 이때부터 팔레스타인 사람은 그들 자신을 아랍인으로 여기게 된다.

1099년에는 유럽의 십자군들이 무슬림으로부터 예루살렘을 다시 빼앗은 후 유대인들과 무슬림을 대량 학살하였다. 그러나 1187년 아랍 무슬림 살라딘(아랍어로는 쌀라흐 알딘 Salah al-Din)에게 패한 십자군은 예루살렘에서 쫓겨나고 말았다.

인구별로 보면 1880년 이 지역의 총인구는 약 48만 명이었는데, 이들 중 아랍인의 인구는 45만 6,000명에 달했다. 그때 유대인은 약 2만 4,000천 명으로 전체 인구의 약 5퍼센트를 차지하고 있었다. 1881년, 유대인의 첫 번째 귀향이 있었다. 제1차세계대전 중 많은 유대인이 이민해 와 유대인의 수는 점차 늘어나기 시작하였고, 1914년 유대인의 인구는 6만 명으로 늘어나 전체 인구의 11퍼센트를 차지하게 되었다.

2002년 9월 3일 이스라엘이 발표한 인구 통계를 보면 이스라엘 인구는 659만 2,000여 명이다. 2001년 말 이스라엘 인구의 77.2퍼센트가 유대인이고 15.4퍼센트가 무슬림, 2.1퍼센트가 기독교인 그리고 1.6퍼센트가 드루즈파 사람들이다. 유대인의 비율은 2000년도의 77.8퍼센트에서 다소 줄어든 반면, 무슬림은 15.2퍼센트였던 것이 다소 증가했다. 아랍인(무슬림, 기독교, 드루즈파를 포함)은 전 국민의 19퍼센트에 달해 1948년의 비율과 유사하고 이스라엘 이주민은 28퍼센트 하락했다.

2012년 말 팔레스타인 통계청에 따르면 이스라엘과 점령 지역에 사는 아랍인은 580만 명이고 이 지역에 사는 유대인은 600만 명이다. 이스라엘 통계청에 따르면 2012년 말 이스라엘 내 거주하는 유대인은 690만 명이고 아랍인은 140만 명이다.

시온주의 운동

19세기 후반 러시아와 유럽을 휩쓸었던 반유대주의(anti-Semitism)를 계기로 옛 시온(Zion) 땅에 유대인의 나라를 세우자는 움직임이 일어났다. 그 움직임이 바로 시온주의 (Zionism) 운동이다. 이것은 헝가리 저널리스트 데오도르 헤르즐(T. Herzl)의 발상이었다. 고향을 잃고 차별받는 유대인들에 대한 해결 방안으로 이를 제안한 헤르즐은 1897년 첫 시온주의 의회를 소집하여 유대인은 국가를 가지라고 선포하였다.

제1차 세계대전 말 팔레스타인 땅은 영국인의 손으로 넘어갔고, 시온주의자의 꿈이 실현되는 날은 그리 머지않아 보였다. 영국의 외무부 장관 밸푸어(Arthur Balfour)는 팔레스타인 지역에 유대 국가의 향토를 건설하도록 약속한 성명서를 1917년 11월 2일 당시 영국의 유대공동체 리더 격이었던 로스차일드(Rothschild) 경 앞으로 보냈다.

그 후 유대인들은 팔레스타인 땅으로 이주하여 여기저기에 정착하기 시작했다. 급기야 1914년에는 10만 명의 유대인이 정착하였다. 하임 바이즈만(C. Weizman)은 이러한 시온주의 운동의 리더가 되었다. 1917년 팔레스타인 땅에 민족 향토를 인정한 「밸푸어 선언」을 통해 사람들이 하나둘 팔레스타인 땅으로 모인 것이다. 「밸푸어 선언」을 통해 친영 유대인들이 팔레스타인에 정착되면 영국이 인도로 가는 중간 통로인 수에즈 운하 통행이 보호받을 것으로 생각했다.

1917년의 「밸푸어 선언」은 아랍 무슬림들의 반발을 높이

사서 이스라엘과 아랍 무슬림 간 갈등의 원인으로 간주되고 있다. 그 당시 팔레스타인 사람들은 이를 '매우 불길한 조짐을 보이는 선언'으로 여겼다. 「밸푸어 선언」이 있을 당시, 이집트를 제외한 팔레스타인 땅과 다른 중동 지역은 영국의 식민지가 아니었다. 즉 「밸푸어 선언」은 국제법상으로 '소유하지 않은 재산의 소유권을 임의로 제삼자에게 이양하는' 불법적인 행위였다. 팔레스타인 사람들은 영국에게 그럴 권한이 없다고 반발했다.

팔레스타인을 둘러싼 긴장이 고조되자 영국은 이 문제를 유엔에 일임하였다. 1947년 유엔은 유럽에 거주하던 60만 명의 유대인들을 팔레스타인으로 들어오게 하기 위해 팔레스타인 지역을 이스라엘과 팔레스타인 두 개의 국가로 분할할 것을 제안했다(「유엔 결의안」 제181조, 1947년 11월 29일).

물론 팔레스타인 사람들이 이 제안에 동의할 리 없었고, 그에 비해 이스라엘은 이 제안을 적극적으로 수용했다. 그 결과 팔레스타인 땅에 유대인들이 점차 이주하기 시작했다. 그리고 1948년, 이스라엘은 국가의 모습을 갖추게 된다. 이 같은 유대인들의 유입 과정을 이스라엘인들은 '독립전쟁'이라고 부르고, 팔레스타인 사람들은 '알나크바(총체적 난국, 재앙)'로 간주한다. 이 과정에서 75만 명 이상의 팔레스타인 사람들이 그 땅에서 추방되거나 망명했다.

이스라엘은 그 후 20여 년간 정착활동을 계속했다. 오늘날 이스라엘 사람들은 현재의 이스라엘 국가를 창설하기 위해 많은 인명이 희생되었음에도 불구하고 팔레스타인(이스라엘) 땅은 유대인 자신들이 살기에 가장 좋은 곳이라고 여기고 있다.

팔레스타인 지역의 유대인과 아랍인들 간의 충돌을 해결할 수 있는 묘안은 아직까지 나오고 있지 않다. 아랍 무슬림들은 예루살렘이 이슬람의 제3의 성지가 있는 곳이고 종말에 예루살렘 지역을 확보해야 한다고 믿기 때문에 팔레스타인 무슬림이 그 땅을 지켜주기를 바란다.

과연 이스라엘과 아랍 팔레스타인의 땅 문제를 해결할 수 있는 방법은 무엇일까? 유대인들이 당시 그 땅에 살고 있던 팔레스타인 인구의 5퍼센트를 차지하며 전체의 2퍼센트 땅을 소유하고 있었던 1880년으로 거슬러 올라가야 하는가? 혹은 1947년 유대인(전체 인구의 31퍼센트와 6퍼센트의 땅을 차지함)에게 52퍼센트의 땅을 주고 아랍(전체 인구의 69퍼센트 그리고 그 땅 전체의 94퍼센트를 차지함)에 48퍼센트를 주기로 한 국제연합의 분리 계획으로 거슬러 올라가야 하는가?

아니면 1948년 전쟁 후 유대인들이 25퍼센트의 땅을 더 점령해 팔레스타인 땅의 77퍼센트를 소유하게 된 때로 거슬러 올라가야 하는가? 다시 1967년 이스라엘이 시나이 반도와 서안 지역 그리고 가자 지구와 골란 고원을 점령한 후 국제연합이 점령한 땅을 반환하라고 요구했을 때로 거슬러 올라가야 하는가? 그것도 아니라면 블레셋과 다윗이 싸우던 그 시절로 거슬러 올라가야 하는가? 아니면 이스라엘 정부와 팔레스타인 해방 기구가 합의한 오슬로 협정(1993, 1995)으로 돌아가야 하는가?

알악사 사원과 바위 돔

이스라엘은 이미 팔레스타인 땅의 78퍼센트를 차지하였다. 샤론과 그를 따르는 이스라엘 사람들은 요르단 서안 전체의 41퍼센트와 가자 지역 전체의 70퍼센트만을 팔레스타인 사람들에게 양보하고 있다. 그러므로 아랍인들의 희망대로 그들이 1967년 이스라엘이 점령한 전 영토를 회복할 수 있을지는 여전히 불투명하다.

현재 팔레스타인 아랍인들이 사는 요르단강 서안과 가자 지구의 일부는 그들의 입장에서는 '이스라엘 국가 속의 팔레스타인 영토'다. 2003년 이스라엘이 요르단강 서안의 팔레스타인 영토와 예루살렘과 출입을 단절시키려고 분리장벽을 세웠다. 하지만 이스라엘과 팔레스타인 간의 평화 협상에

예루살렘에 있는 알악사 사원.

서 이보다 더 첨예하게 부딪히는 곳이 있으니 바로 성전산
이 있는 예루살렘이다.

2002년 8월 이스라엘의 전문가들은 알악사 사원 경내를
지탱해주는 벽에 금이 생겨 언제든 붕괴할 가능성이 있다고
경고했다. 아울러 그들은 이것이 이스라엘과 이슬람 간의 분
쟁에 불을 붙이는 요인이 될 수 있다고도 말했다. 성전산의
유적손실방지위원회 또한 아리엘 샤론 총리에게 벽에 이와
같은 문제가 있다는 경고를 보낸 바 있다. 그러나 팔레스타
인 사람들은 이런 발언은 단지 이스라엘이 그곳을 차지하려
는 속셈일 뿐이라고 여겼다.

틈새는 알악사 사원을 받쳐주고 있는 벽의 남쪽에 생
겼다. 그런데 이 알악사 사원은 이슬람의 제3의 성지이고,

바위 돔(황금 돔).

2000년 9월 샤론 총리가 이스라엘 국회의원들과 갑작스레 알하람 알샤리프(성역화된 지역, 알악사 사원과 바위의 돔)를 방문함으로써 인티파다(민중 봉기)가 다시 불붙었던 문제의 장소이기도 하다. 한편 이스라엘 측은 알악사 이슬람 사원이 70년 로마의 디도 장군에 의해 파괴된 뒤 유대 성전의 유물들 위에 세워졌다고 믿는다. 그래서 이곳은 유대교의 성지이기도 하다.

일부 이스라엘 사람들은 "팔레스타인 사람들의 불법적인 굴착 행위로 인해 흙 속에 진공상태가 만들어져 경내의 외벽에 금이 가고 있다"고 주장한다. 팔레스타인 측이 유대인의 흔적을 말끔히 없애기 위해 이런 공사를 강행하여 문제를 야기하고 있다는 것이다. 반대로 무슬림은 "이스라엘이

통곡의 벽 옆을 지나는 터널을 뚫어 놓은 게 그 원인"이라며 이스라엘 측을 비난한다. 어쨌든 이는 고고학적인 차원에서 결국 이슬람과 유대교 그리고 기독교인 모두에게 큰 손실이 아닐 수 없다.

많은 사람들이 알악사 사원과 바위의 돔을 혼동한다. 바위 돔(Dome of the Rock)은 알악사 사원 북쪽에 있다. 이 바위 돔은 황금 돔(The Golden Dome)이라고 불리고 우마이야 왕조 제5대 칼리파 압둘 말리크 븐 마르완(685~705)에 의해 건축되었다. 무슬림과 유대인은 모두 이곳을 성지로 여긴다. 이곳이 다른 어떤 지역보다 천국에 가깝다고 여기는 사람들도 있다.

무슬림은 아담이 창조되기 약 2,000년 전에 천사들이 이 바위를 방문하였다고 말하며, 노아의 대홍수 이후 노아의 방주가 이곳에서 잠시 쉬었다고 믿기도 한다. 또 무함마드가 하늘로 올라가는 중에 이곳 바위에 자신의 발자국을 남겼다고 믿는다. 알악사 사원은 성전산 지역의 남쪽에 있는 사원을 가리킨다. 무함마드가 잠자는 중에 다녀온 천상 여행에 관한 다음과 같은 물음, "알라의 압드(무함마드)를 밤에 알마스지드 알하람(메카의 대사원)에서 알마스지드 알악사(가장 먼)로 데려가신 알라의 능력은 위대하다(『꾸란』 17:1)"라는 표현 속에서도 '알악사'를 찾아볼 수 있다. 『꾸란』 주석에서는 무

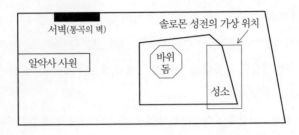

함마드가 잠을 자지 않고 깨어서 몸과 혼이 하늘로 갔다고 설명한다. 그래서 이곳은 무슬림에게 포기할 수 없는 소중한 성지다.

문제는 이 두 성지의 위치다. 위 그림에서 알 수 있듯이 솔로몬 성전의 가상적인 위치는 현재 팔레스타인 무슬림이 점령하여 관리하는 바위 돔의 우측(북쪽)이라고 추측된다. 일부 성경지리학자는 알악사 사원 경내나 바위 돔의 경내라고 주장하기도 한다. 따라서 이곳은 곧 유대교인이나 일부 기독교인에게 절대로 포기할 수 없는 성지이기도 하다.

2017년 미국 대통령 트럼프가 예루살렘을 이스라엘의 수도로 선언하였고 2018년에는 미대사관이 텔아비브에서 예루살렘으로 이전되었다. 미국 대사관의 이전은 아랍 이슬람 국가와 이스라엘 간에 충돌과 논란이 증폭되었다.

율법의 엄격성과 근본주의

아브라함은 의로운 자이고….　　　　　　(「창세기」15:6).

선지자였다.　　　　　　　　　　　　　(「창세기」20:7).

이브라힘은 유대인도 아니고 나쓰라니(알마시흐를 따르는 자,

일종의 기독교인)도 아니고 하니프(곧은 길을 걸어간 사람)였고 다

신 숭배자도 아니었고….　　　　　　　　　(『꾸란』3:67)

(알라께) 복종하는 자였으며….　　　　　　(『꾸란』16:120)

언행이 일치된 예언자였다.　　　　　　　(『꾸란』19:41)

무함마드에 의해 시작된 이슬람은 『꾸란』의 율법(샤리아)을 공동체 속에서 실현하기를 요구한다. 이로 인해 이슬람 공동체는 종교적이고 정치적 성격이 강한 집단으로 형성되었다. 마찬가지로 하나님이 시내산에서 주셨던 십계명 율법에 따라 이스라엘 백성을 이끌었던 모세의 유대교 공동체 또한 종교적이고 정치적인 성격이 뚜렷했다. 이 두 종교는 이 땅 위에 그들의 국가를 건설하는 것을 목표로 한다. 반면 기독교는 하나님의 나라가 이 세상에 속한 것이 아니라(「요한복음」18:36)고 하여 정치와 종교를 분리했다.

이슬람 근본주의와 이슬람주의

'근본주의'란 말은 원래 20세기 초 미국의 개신교가 성경의 통상적(literal) 해석에 근거한 종교를 부르짖은 운동에서 비롯된 용어다. 근본주의란 종교-정치적 운동으로서 텍스트의 원리(foundations)로 되돌아가려는 것이고 이런 원리를 현대 정치와 사회에 적용하기 위하여 과거 주석의 권위를 거부하는 운동이다.

이슬람의 종교성과 정치성은 자연스럽게 이슬람주의(종교를 정치에 이용하는 것)와 근본주의를 낳았다. 근본주의는 누군

가가 자신과 다르게 종교적 텍스트(『꾸란』과 『하디스』)를 해석하면 카피르라고 했다. 카피르는 알라가 한 분이심을 안 믿거나 무함마드가 예언자임을 안 믿거나 이슬람 율법을 지키지 않는 자를 가리킨다.

1928년 이집트에서 시작된 무슬림 형제단은 종교적 근본주의를 지향했다. 종교적 근본주의는 이성의 활동을 막아버렸다. 이성이 작동되지 않으면 종교적 텍스트에 이성이 가동되지 않고 그냥 맹목적으로 암기하게 된다. 근본주의는 현대화를 거부한다. 그래서 역사를 거치면서 과거의 영광 속에 살려고 하는 근본주의는 지하드 단체의 사상과 연결되고, 이것이 타크피르(상대를 카피르라고 단정하고 살해함)로 확대된 것이다.

역사 속에서 이슬람 근본주의는 서구 열강의 정치적·경제적 지배 등 외부로부터 부당한 침해를 받았을 때와 석유의 무기화 등과 같은 문제로 무슬림이 대응할 기회를 잡았을 때 '재 이슬람화'(re-Islamisation)를 꾀했다. 대표적으로 9.11사태 이후 중동과 한국의 이슬람은 언론매체를 통해 이슬람의 이미지 개선을 위해 앞장섰다. 일부 무슬림 학자들은 한국이 서구 언론과 서구 학문의 영향으로 이슬람교에 대해 편견이 있다고 하면서 그에 대한 반작용으로 이슬람 홍보에 나섰다.

또 다른 예로는 2003년 이라크 전쟁 이후, 이슬람 세계는 시온주의자와 미 제국주의자에 대한 저항 운동을 공론화하면서 팔레스타인과 이라크 문제의 원인을 이스라엘과 미국에 돌렸다.

이슬람주의자들은 아랍 국가에서도 세력을 얻어가고 있다. 예를 들어 요르단을 보자. 2003년 6월 17일, 요르단에서는 4년마다 치러지는 하원의원 선거가 있었다. 이 선거에는 18세 이상의 모든 요르단 남성과 여성이 투표에 참여할 수 있었다. 당시 요르단의 전체 인구는 약 540만 명. 이 중 투표권이 있는 232만 5,000여 명 가운데 58.8퍼센트에 해당하는 130만 명이 투표권을 행사하였다. 이 선거에서 무슬림형제단의 정당인 이슬람행동전선(IAF)이 30명의 입후보자를 내었고, 이외에도 11명의 이슬람 근본주의자들이 무소속으로 참여하였다. 더구나 '아랍의 봄' 이후 아랍 국가에서 무슬림형제단과 살라피를 중심으로 하는 이슬람주의자들이 정치권에서 큰 세력을 형성했다.

사실 이슬람 근본주의는 순수한 종교개혁 운동에서 시작되었다. 그러나 이슬람을 개혁하여 본래의 순수한 이슬람으로 돌아가자는 애초의 원칙에도 불구하고, 이를 실행에 옮길 이슬람주의자들(레바논의 히즈불라, 팔레스타인의 하마스와 이슬람 지하드)은 대부분 무력에 호소하고 있다. 하마스는 이슬람주의와 근본주의를 표방한다. 그런데 이슬람의 근본주의는 정치적인 측면을 강조하는 이슬람주의란 말과 바꿔 사용된다. 미국에서 사용된 '근본주의'라는 용어는 아랍 무슬림들이 잘 사용하지 않았고 또 서구 언론과 학계에서 '이슬람 근본주의'는 개념이 불확실하다고 하여 이슬람 극단주의 또는 급진적인 이슬람 또는 이슬람주의 등으로 교체되었다.

아랍 무슬림이 내건 구호는 '시온주의자와 미 제국주의에 대한 반대'다. 모든 아랍 이슬람 국가들이 이스라엘과 팔레스타인 간의 문제에서 팔레스타인을 지지하고 있으며, 미국과 이스라엘을 다같이 아랍 무슬림의 '적'으로 보고 있다. 그렇기 때문에 아랍인의 뉴스에는 '우리의 적, 이스라엘 시온주의자들'이라는 표현이 자주 등장한다.

2000년 9월 28일에 다시 불타오른 팔레스타인의 인티파다가 일어난 계기는 이스라엘 총리의 알악사 사원 방문이다. 즉 '무슬림에게 성역인' 알악사 사원의 땅을 '더러운' 유대인이 밟았다는 것이다. 이스라엘 측에서는 군대를 철수하고 싶어도 팔레스타인의 무장자살 폭격대원이 시시때때로 이스라엘 시민들의 생명을 위협하고 있기에 어쩔 수 없이 군대를 주둔시킬 수밖에 없다고 말한다. 반대로 팔레스타인 측은 이스라엘이 대포와 장갑차와 헬리콥터를 동원하여 무고한 팔레스타인 시민들을 죽이는데 어떻게 가만히 있을 수 있겠

느냐며, 무장은 자신을 방어하기 위한 정당방위라는 논리로 자신들의 무력행사를 정당화하고 있다.

이집트에서는 19세기에 범이슬람주의가 융성했고 2011년 '아랍의 봄' 이후에 무슬림형제단이 총선과 대선에서 승리하면서 살라피 포교단(다아와 살라피야)과 더불어 '이슬람주의'로 알려졌다. 2017년 무슬림형제단을 비호하고 지원한 것으로 알려진 카타르가 이집트·사우디아라비아·바레인·아랍에미리트 등으로부터 단교를 당하였는데 카타르와 터키가 이슬람주의 국가로 지목되었다.

2019년 8월 이집트는 이드 알아드하(희생절)를 맞아 정부가 지정한 모스크와 장소가 아닌 곳에서 기도나 예배를 하지 말도록 했다. 그러나 알렉산드리아에서 다아와 살라피야는 집회를 하겠다고 했는데 정부는 종교적 명절을 기화로 정부가 지정하지 않는 정치인이 설교하지 말도록 요청했다. 설교 중에 정치적인 내용을 금지하면서 설교가 정치화되지 않도록 당부했다.

카타르는 사우디아라비아의 메카 순례를 사우디아라비아가 독점하지 말고 국제적인 관리하에 두자고 요청했는데, 사우디아라비아는 메카 순례를 정치화하지 말라고 일축하고 카타르가 이란의 수법을 따르고 있다고 비난했다.

아랍인의 이성(Reason)과 이성주의

2003년 요르단의 압둘라 국왕은 9세기 이슬람 황금기의 정신과 이념을 되살리는 것이 아랍과 무슬림 세계가 당면한 가장 핵심적이고 시급한 이슈라고 주장했다. 또한 압둘라 국왕은 14세기 이후 이슬람 세계는 이성과 자유의지를 떠나 운명론이 우세한 시기로서 이슬람 시대의 침체기라고 할 수 있으며, 무슬림 사회에 계몽과 이성 시대의 종말을 고했다고 지적한다. 그러나 아랍 무슬림들에게 지금은 이성이 작동하지 않는다는 것이 아인 샴스 대학교 무라드 와흐바 교수의 주장이다. 그는 신화를 버리고 이성을 작동시켜야 문화가 발전한다고 했다.

아랍 무슬림은 이슬람 근본주의의 영향을 깊이 받았고 지금은 이슬람 근본주의자를 아랍 세계 어디서나 만나볼 수 있다. 13세기부터 지금까지 이슬람 세계에는 이븐 타이미야 사상이 지배하고 있다. 18세기 사우디아라비아의 와하비 운동은 이븐 타이미야의 사상을 이어받았고 20세기 이집트의 무슬림형제단도 이븐 타이미야의 사상을 이어받았다. 이븐 타이미야는 이성의 작동을 금지했고 결국 오늘날 아랍 세계는 후진성을 면치 못하고 있다.

이집트의 이슬람 법학자 무함마드 압두흐(Muhammad

Abduh, 1849~1905)는『꾸란』4장 3절(너희가 여자 고아를 공정하게 대하기 어려우면 다른 여자들, 두 명이나 세 명 혹은 네 명까지 네게 마음에 드는 여자와 혼인하라. 그러나 너희가 그들을 모두 공정하게 대하지 못할 거라고 우려되면 한 여성 혹은 네 오른손이 소유한 여성[하녀]과 혼인하라)을 인용하면서 이슬람은 원래 일부일처제를 권장한다는 것을 주장하였다.

그러나 실제로 요르단 대학교 이슬람 법과대학의『이슬람의 법제』란 교재에는 '이슬람이 왜 일부다처이어야 하는가'라는 제목 아래에 사회적 당위성(여성의 성비가 남성보다 많다. 전쟁으로 남성이 부족해졌다)과 개인적인 당위성(첫 부인이 임신하지 못하였다. 부인이 부부생활을 못 할 정도의 질병을 가지고 있다. 남자가 계속되는 여행으로 한곳에 살기 어렵다. 남자의 성욕은 방출해야 한다)에 관한 설명을 달았다. 이슬람은 자녀 출산이 이슬람 공동체를 건설하는 데 가장 중요한 요인이라고 보았다. 그래서 특별한 이유가 없는 한 모든 여성은 반드시 혼인해야 하고 알라가 허락하는 대로 자녀를 낳아야 한다는 게 이슬람의 율법이다.

2004년 앙케트 조사 결과 아랍 여대생은 대부분 일부다처제를 원하지 않는 것으로 나타났다. 반면 아랍 남학생은 대부분 경제력이 뒷받침되면『꾸란』이 허용하는 네 명의 부인까지 두고 싶다고 하였다. 2019년 이집트 알아즈하르 쉐이크 아흐마드 알따입이 "이슬람 종교에서 부인을 여러 명 두는 것은 많은 경우에 부인과 자녀들에게 부당한 일이 될 수도 있다"고 한 말이 이집트 무슬림에게 논란을 불러일으켰다. 여성 운동가들은 여성인권을 보장하는 측면에서 그의 말을 찬성했고 이를 반대하는 무슬림은 『꾸란』 본문 그 자체가 남자는 4명의 부인과 결혼하는 것을 허용한다고 맞섰다. 아흐마드 알따입은 "나는 『꾸란』과 순나의 본문에 어긋나게 일부다처제를 금지하는 것은 아니다"라고 했다.

이밖에도 무슬림여성이 얼굴을 가려야 하는가에 대한 논란이 아랍에서는 지속되고 있다. 카이로 대학교에서는 2015년 대학의 여교수가 니깝(얼굴과 눈을 가림)을 착용하는 것을 금지시켰다. 그리고 유럽에서 일부 국가는 공공장소에서 니깝이나 부르카(아랍어 원음, 부르꾸으) 착용을 금지했다. 요르단 대학교에 다니는 여대생은 히잡을 전혀 안 쓰는 학생, 히잡을 착용하여 머리만 가리고 얼굴은 내놓는 학생, 그리고 니깝을 착용하여 얼굴과 머리 전체를 가린 여학생으로 나뉜다.

이들은 머리 스카프를 착용하는 이유에 대해서 '여자로서의 자기 자신을 남에게 보여주고 싶지 않다' '이슬람 『꾸란』에 기록된 대로 그리고 무함마드의 가르침이기에 히잡을 착용한다' 혹은 '가족들 특히 아버지의 강요로 베일을 하고 다

닌다' 등 다양한 대답을 내놓았다.

요르단의 무슬림은 얼굴과 손을 제외한 신체의 모든 부위를 옷으로 가리는 것이 이슬람 율법이라고 하였다. 그러나 사우디아라비아처럼 극히 보수적인 국가에서는 여성들이 얼굴 전체를 가려야 한다. 그렇다면 어느 쪽이 진짜 이슬람 율법인가? 무함마드 압두흐는 여성의 얼굴을 가리는 것은 이슬람 율법이 아니라고 했다. 그것은 예배를 위한 것도 아니고 에티켓을 위한 것도 아니고 다만 아랍인의 관습이라고 했다.

무함마드 압두흐는 유럽여행을 마치고 이집트로 돌아오는 자리에서 "유럽에는 이슬람은 있으나 무슬림은 찾아볼 수 없고, 이집트에는 무슬림은 있으나 이슬람은 찾아볼 수 없다"고 지적하였다. 이 말은 이집트에는 『꾸란』에 쓰인 대로 이슬람을 지키는 무슬림이 많지 않다는 것을 지적하는 내용이다.

무함마드 압두흐의 이러한 주장들은 오늘날 무슬림의 삶에서도 그것이 사실임을 보여주고 있다. 사실 많은 무슬림이 이슬람의 경전 『꾸란』의 가르침대로 살지 못하고 있음을 한탄하고 있다.

와하비 운동과 살라피

사우디아라비아 학생들의 교과서는 이슬람의 우월성을 찬양하는 내용으로 가득 차 있다. 8학년 교과서에는 "알라가 유대교인과 기독교인들을 저주하고 이들 중 일부를 원숭이와 돼지로 만들어버렸다"고 적혀 있다. 반유대적인 내용은 9학년 교과서에서도 볼 수 있다. 그들은 "무슬림이 유대교인들과 싸워 이들을 죽일 때까지는 이슬람의 심판의 날은 오지 않는다"고 가르친다. 그리고 10학년 교과서에는 "무슬림은 비무슬림과 친구가 되어서는 안 된다"는 내용이 담겨 있다. 사우디아라비아 정부와 국민들은 사실 수년간에 걸쳐 전 세계의 이슬람 문화센터 및 각종 기관을 통해 살라피(Salafi)를 가르치도록 재정적 지원을 해왔다.

그렇다면 살라피와 와하비는 어떤 관련이 있는가? 기독교와 유대교를 거부하는 살라피 무슬림은 세계 어디에나 퍼져있다. 살라피는 살라프(무함마드의 동료와 그의 추종자 그리고 이들 추종자들의 추종자)의 교리를 믿는 사람들이고 『꾸란』과 『하디스』를 이해하는 데 살라프의 방식을 따르는 사람들이다. 살라피와 무슬림형제단은 이슬람주의자들이다. 살라피는 텍스트(『꾸란』과 『하디스』)의 외적 의미(자히르)를 취했기 때문에 극도로 문자적인 해석(letterism)을 낳았다.

이슬람력 4세기에 아흐마드 븐 한발이 살라프의 교리를 부활시켰고 이슬람력 7세기에는 이븐 타이미야가 살라프의 교리를 부활시켜 이 교리를 포교했다. 아라비아반도에 등장한 살라프의 교리는 이슬람력 12세기 무함마드 븐 압둘 와합이 부활시켰고 그의 이름(와합)에서 '와하비'라는 말이 생겨났다.

와하비의 무함마드 븐 압둘 와합은 오스만 터키가 이슬람 국가를 다스리던 1703년에 아라비아의 중부 조그마한 마을에서 태어났다. 와합은 이슬람 세계가 청산해야 할 부패의 대표적인 목록들을 적었는데, 그중에 시아파 이슬람과 수피즘(이슬람의 내적 차원)도 들어 있었다. 그는 문자적인 『꾸란』 해석을 강조하면서 격식에 따른 예배의식과 가혹한 처벌을 시행하기 위해 이슬람의 네 법학파(하나피·한발리·샤피이·말리키)가 쓴 모든 『꾸란』 해석을 포기했다. 대신에 새로운 이슬람 율법은 모스크(종교)와 정부(정치)를 분리하도록 하였다. 그렇지만 개인의 자유의지와 인권이 자리할 여지는 남겨두지 않았다.

와합은 역사적으로 기독교인과 유대교인에게 적대감을 조성한 전형적인 무슬림이었다. 그러나 그는 전 생애를 바쳐 주로 이슬람의 정통성 확립을 위해 일했기 때문에 이교도들에게 많은 시간을 할애하지는 못했다. 그는 이슬람 세계가 어느 정도 궤도에 오르기 전까지 지하드는 연기되어야 한다고 말했다. 왜냐하면 지하드는 인간 생명의 존엄성을 존중하고 알라의 말씀을 고양시키는 데 그 목적이 있기 때문이다. 이러한 와합의 생각은 1744년 사우디아라비아를 건국한 무함마드 븐 사우드에게 받아들여져 당시 사우디아라비아를 점령한 오스만 터키인을 아라비아반도에서 쫓아내는 이데올로기적 근거로 사용되기도 했다.

와하비 운동은 메카와 메디나를 탈환하려는 사우드에게 종교적 신뢰감을 심어주었다. 후에 사우드는 와합이 그의 땅에서 종교적이고 법적인 권한을 행사하도록 허락했다. 이로 인해 수천 명의 시아파 무슬림과 수피 무슬림이 살해되었으며, 아라비아반도의 대부분이 와합의 신정정치하에 놓이게 되었다. 그러나 일부 이슬람 근본주의자들은 와하비의 추종자와 달리 이교도와 대항하는 지하드를 만들어냈고, 이 개념을 더욱 발전시켜 2001년 9.11 테러를 감행한 사우디아라비아 전사들을 낳기도 했다.

종교와 정치 그리고 경제의 싸움

전통적으로 이슬람은 정치적 관심을 포함한 종교적인 삶

전체를 의미한다. 서구의 영향에 대한 반작용과 새로운 국가 이데올로기를 형성하는 과정에서 아랍 무슬림은 서구화와 제국주의를 거부하였다. 아랍 이슬람 세계가 황금기를 마치자, 13세기 혹은 14세기부터 18세기 말까지 지성적 침체라는 암흑시기를 맞는다. 19세기 아랍 르네상스 시기에는 아랍어 부흥이 일어나고 아랍 민족주의가 세력을 얻었고 1970년대에는 이슬람주의가 확산되기 시작했다. 결국 아랍 민족주의가 모든 아랍인의 저변에 깔리게 되었고, 그 위에는 이슬람 근본주의가 드리워 있었다. 아랍 무슬림은 오직 이슬람만이 이 세상의 이데올로기로서 적합하다고 이야기한다. 이로 인해 극단적인 무슬림은 단 하나의 올바른 이데올로기로서의 이슬람을 세상 속에서 지켜내기 위해 때론 무력에 호소하는 테러를 일으키고 있다.

이슬람 국가들은 이슬람을 국교로 받드는 나라를 '형제국가'라고 하여 하나의 끈으로 묶고 있으며, 해마다 200만 명 이상이 사우디아라비아의 메카를 순례함으로써 이슬람이라는 중심 원을 통해 이슬람 움마(공동체)가 하나가 되는 훈련을 거듭하고 있다. 그리고 매일 다섯 번의 기도와 금요일 한 번의 대중 집회를 통해 무슬림의 동질성을 모색하고 있다.

사우디아라비아의 이슬람 무프티(이슬람법적 질문에 대하여 답변을 하도록 국가가 임명하는 법학자) 쉐이크 압둘 아지즈 알세이크는 이슬람의 신앙과 이슬람 경제를 공격하는 이슬람 세계의 적(주로 미국과 이스라엘)을 다음과 같이 비난했다.

오늘의 싸움은 종교와 경제의 싸움이다. 적들은 무슬림을 공격하고 경제를 장악하려고 한다. 무슬림이 공격의 목표가 되고 있고 가치관과 도덕과 문화가 공격을 받고 있다.

이집트의 알아즈하르 이슬람연구아카데미는 "이슬람 율법에 따르면 적들이 무슬림의 땅을 밟을 경우 지하드는 모든 남자와 여자의 의무"라고 발표했다. 지하드의 이슬람법적 개념은 '알라를 위하여 싸우는 전투'인데 군사적 행동에 직접적으로 참여하거나 군대에 돈으로 돕거나 지하드를 옹호하는 견해를 표명한다. 지하드의 의미가 여럿이므로 교리와 조국을 방어하기 위한 지하드의 수단도 여러 가지다. 알아즈하르 이슬람연구아카데미의 사무총장 알싸이드 와파 아부 왁구르는 "모든 아랍 무슬림 남성과 여성은 자신과 이슬람 신앙을 보호하기 위해 싸워야 한다"고 주장한다.

미국 대통령 부시는 테러와의 전쟁을 가리켜 '십자군' 전쟁이라고 명명했는데, 이는 무슬림 세계를 격노케 하였다. 이 단어는 중세 때 예루살렘을 탈환하기 위해 유럽의 기독교인들이 벌인 전쟁을 떠올리게 했기 때문이다. 2000년 부시 대통령이 자주 사용하였던 '악의 축'이란 표현도 사실은 이 세상을 악한 세력과 선한 세력으로 나눈 다음 미국의 편에 서면 선하고 그 반대편에 서면 악하다고 본 것이다.

프랑스인 작가 마렉은 결국 부시 대통령이 스스로 테러와의 전쟁을 종교전쟁으로 몰아갔다고 지적한다. 2003년 미국과 영국이 이라크를 공격하고 있던 그 시기에 요르단 대학교 이슬람학생회는 "알라에게 되돌아가라. 시온주의자와 싸워라. 십자군에게 저항하라"는 문구가 적힌 대자보를 내걸었다. 대다수의 아랍인들이 미국인을 미워하지는 않지만 미국 행정부의 잘못은 분명히 지적하고 있다.

아랍인 칼럼니스트 제임스 조그비는 '미국의 우익을 경계하라'는 글에서 "오늘날 미국 공화당의 외교 정책에는 소수의 신보수주의자가 중요한 역할을 하고 있고, 미국 국내 문제는 우익 종교인의 영향이 크다"고 지적하였다. 조그비는 신보수주의자와 우익 종교인의 특징이 근본주의 운동에 있다고 하면서, 이들은 이들 앞에 놓인 현안들을 대결 국면으로 그리고 비타협적으로 몰고 간다고 했다.

실제로 1988년 미국 대통령 선거 기간에 보수 진영의 많은 종교인들이 선거 캠프에 참여했다. 당시 부시의 대통령 출마를 도운 인물 중에 패트 로버트슨(P. Robertson)이 있었다. 선거 후에 로버트슨은 정치적 성격을 띤 기독교연합(Christian Coalition)이라는 우익 종교단체를 결성했다. 로버트슨은 이처럼 종교적으로 보수성향을 가진 사람을 모아 정치력을 행사하는 그룹을 만들었을 뿐만 아니라 이 운동을 정치적·신학적 문제로까지 고양했다.

이들은 1948년 유대인들이 팔레스타인 땅으로 유입되어 이스라엘 나라를 세운 것은 하나님의 계획에 따른 것이라고 말한다. 또 훗날 아마겟돈 전쟁이 있을 것이라고 주장했다. 미국의 근본주의 기독교인들은 선한 세력(미국과 동맹국)이 악한 세력(공산국가와 동맹국 - 아랍과 무슬림 포함)과 대결하게 될 것이라고 믿고 있다. 이들의 신학에 따르면 예수 그리스도가 재림하기 전에 반드시 환란이 있게 된다. 로버트슨과 같은 극소수 미국 기독교인들은 이 예언을 성취하기 위해 유대인들이 반드시 기독교인이 되어야 한다고 말한다. 유대인을 적극적으로 돕는 이유도 여기에 있다.

모든 미국인이 그렇게 믿지는 않겠지만, 많은 미국인은 여전히 하나님이 유대인들에게 현 점령지(팔레스타인 내 정착촌)를 포함하여 성지 전체를 주었다고 믿고 있다. 미국의 일부 복음주의자도 유대인이 예루살렘에서 아랍인을 몰아내고 유대인들이 그 지역으로 완전히 되돌아오는 날을 기다리고 있다.

세계의 근본주의

오늘날 지구상에 존재하는 각기 다른 근본주의 사이에 공통분모가 존재한다는 것이 전혀 새로운 일은 아니다. 영어 'fundamentalism(근본주의)'에 해당하는 아랍어 단어는 없다. 가장 가까운 단어로는 '우쑬리'인데 사실 '우쑬'은 토대나 뿌리를 가리킨다. 케팔(Gilles Kepel)은 이 단어 대신에 재 유대교화, 재 기독교와 재 이슬람화(re-Islamisation)라는 용어를 사용했고 그의 1985년 저서 『이슬람 행동주의』에서는 이슬람 근본주의라는 말보다 무슬림 극단주의라는 말을 선호했다.

시반(Emmanuel Sivan)은 급진적 이슬람이란 말을 택했고 다른 학자들은 부흥주의(revivalism)나 이슬람주의(Islamism)라는 단어를 사용했다. 영어의 fundamentalism은 공동체가 갖는 경전의 원리(foundations)로 되돌아가는 것을 시도하는 현대의 종교적-정치적 운동을 가리키는 데 사용된 용어다.

아랍 무슬림들은 근본주의는 이성주의와 대립하는 단어라고 생각하고 이슬람주의는 정치적 개념을 강조하는 것으로 생각한다.

『옥스퍼드 기독교사전』에서는 근본주의(fundamentalism)에 대해 다음과 같이 정의하고 있다.

1914~18년 전쟁 후에 발달한 다양한 개신교 단체들 안에서 일어난 운동으로, 정통 기독교 교리라고 믿어지는 것과 특히 문자적으로 『성경』의 무오류성을 엄격하게 지지했다.

오늘날 근본주의는 세계적인 현상이고, 세 개의 종교(유대교·기독교·이슬람교)뿐만 아니라 여타 종교에서도 찾아볼 수 있다. 한 가지 분명한 것은 이러한 근본주의가 모더니즘과 서구 가치에 대한 부정적인 반응에서 나온 세계적인 흐름이라는 것이다.

일부 학자들은 심지어 '극단주의(extremism)가 종교 규범이다'라고도 말한다. 이들은 유대교에서의 극단주의는 '종교 율법의 엄격성과 종교 영역을 확장시키려는 욕망'이라고 규정하고, '종교 공동체와 전통적 리더십이 쇠락해가면서 극단주의 성향의 돌파구를 허용한 것'으로 본다. 다시 말해 사회주의와 공산주의 같은 이데올로기가 쇠락하면서 세상 사람에게 실망감을 안겨주었고, 이런 좌절감이 모더니즘과 서구 가치에 대해 저항하는 물결로 나가게 했다는 것이다.

20세기는 이성을 강조하고 과학을 신성시한 때였다. 따라서 기독교 복음주의자들은 종종 하나님의 존재, 『성경』의 신빙성 그리고 예수 부활의 역사성을 증명하기 위해 이성적인 변증법을 사용했다. 한편 21세기는 전 세계가 포스트모던 시대로 진입한 시기다. 특히 텔레비전·위성방송·인터넷 등 다양한 채널의 정보를 통해 우리는 세계화와 더불어 포스트모던과 다원주의 사상에 노출되고 있다. 그러나 오늘날 아랍이슬람 세계는 아직도 모더니즘의 영향 아래에 있고 일부는 포스트모더니즘의 영향을 받고 있다.

아랍 무슬림은 세계화가 자국의 문화를 해치고 국가의 독립성을 훼손한다고 여겨 그동안 꺼려왔다. 그러나 요르단 압둘라 국왕은 2003년 이슬람회의기구(OIC)에서 이슬람도 세계화의 물결에 합류하여 그 열매를 취하자고 역설했다. 이처럼 아랍 일부에서는 세계화와 포스트모더니즘의 담론이 활기를 띠고 있다. 그래서 세계화가 당연한 추세라며 그 흐름에 따라가야 한다고 말한다. 반면 보수적인 아랍인은 세계화가 곧 미국화를 의미하기 때문에 그 물결을 거슬러가야 한다고 여전히 목소리를 높이고 있다.

근본주의자 그룹의 공통점은 자신들만이 참 신자이고 다른 그룹에 속하는 사람은 단지 명목상의 신자라고 생각한다는 점이다. 일부 근본주의 유대교인과 무슬림은 자신들만의 독특한 의상을 착용한다. 가끔 유대인들은 다윗 왕조를 다시 세워야 한다고 주장하고, 이슬람국가(IS) 조직과 같이 일부 무슬림은 과거 이슬람 세계의 칼리파 제도를 부활시켜야 한다고 말한다. 그래서 이슬람 국가들이 정치적 세력을 결집해·

종교와 법과 문화면에서 하나가 되어야 한다고 주장했다.

　근본주의자 그룹의 일부는 군복무 또한 거부한다. 이스라엘은 극단적인 정통주의 학생들에게 군복무를 면제해주고 있고, 이집트의 근본주의자들 또한 군대에 들어가기를 거부하고 있다. 그들은 한시적으로 이러한 세속 정부와 싸우는 것이 가장 우선이고 정당하다고 믿고 있다. 한편 일부 전천년설 주창자들과 일부 메시아닉 유대인(messianic Jewish) 근본주의자들은 각기 해당 종교의 율법이 지배하는 국가를 세우기를 원한다.

　영국의 보수주의 신학자 바아(J. Barr)는 "현대 신학과 『성경』에 대한 현대 비평적 연구들의 방법이나 결과에 대한 강력한 반대가 근본주의자들이 표명하는 특징 중의 하나"라고 했다. 모든 근본주의자는 그들 경전에 대한 무오류성을 문자적으로 믿는다. 이런 신앙은 중세 이슬람과 초기 프로테스탄트 신학에 깊이 뿌리를 내리고 있고, 유대 사상에서는 최근에야 발전된 것으로 보인다.

　그러나 2018년 미국이 이란과의 핵 합의를 탈퇴한다고 선언한 뒤 이란에 대한 미국의 경제 제재가 이어졌고 이란의 근본주의자는 이런 긴장 관계를 이용하여 이란 내 그들의 영향력을 확대했다.

율법의 노예와 자유인

> 그날에 여호와께서 아브람과 더불어 언약을 세워 이르시되 내가 이 땅을 애굽강에서부터 그 큰 강 유프라데까지 네 자손에게 주노니…. (「창세기」 15:18)

> (성서의 백성들에게) 말하라. 우리는 알라를 믿었고 우리에게 내려준 것(『꾸란』)을 믿었으며 이브라힘·이스마일·이스학·야 으꿉과 그의 자손들에게 내려준 것을 믿고 무싸에게 준 것(타 우라)과 이싸에게 준 것(인질) 그리고 그들 주님이 이들 예언자 들에게 주신 것을 믿었다. 그들 사이에 어느 누구도 차별하지

않는다. 우리는 알라에게 순종한다(muslimūn). (『꾸란』 2:136)

1950년대까지만 해도 '아브라함의 종교들'이란 말이 널리 사용되지 않았다. 제2 바티칸 공의회(1962~65)에서 가톨릭이 '아브라함의 종교들'이란 말을 사용한 것은 유대교와 무슬림을 아브라함의 깃발 아래에서 만나도록 하려는 것이었고 또 아브라함을 근거로 해야 종교 간의 대화가 용이할 것으로 판단했다.

그러나 『꾸란』 3장 67~68절에서는 '이브라힘'의 종교 안에 유대교와 기독교를 포함하지 않았다. 『꾸란』은 유대교인들이 말하듯이 혈통의 문제가 아니라고 했고 기독교인들이 말하듯이 그리스도를 믿고 성령을 받아야 하는 것이 아니라고 한 것이다.

유대교는 이슬람이 주장하는 이브라힘의 단일신론을 받아들이지 않았고 기독교도 거부했다. 유대인들은 자신들만 선택된 백성이라고 믿었고 이슬람을 기독교의 한 분파 또는 새로운 종파로 생각했다.

기독교에서 복음은 메시아에 대한 약속이 예수를 통해 성취된 것을 보여준다. 하나님의 말씀이 육신이 되었다고 하는 것은 기독교에서는 흔한 표현이나 유대교와 이슬람에서는 생소한 것이다.

이슬람의 창시자 무함마드는 히라 동굴(Mount Hira, 사우디 아라비아 메카에 있음)에서 그에게 내려주기 시작했던 『꾸란』의 메시지를 이슬람 공동체 안에서 구현하려 했다.

사람들아! 알라가 여러분에게 약속해준 정결한 땅(예루살렘)으로 들어가라(『꾸란』 5:21a).

그들이 말했다. "무싸여! 그곳에 건장한 사람들이 있다면 그들이 그곳에서 나갈 때까지는 우리가 들어갈 수 없고 그들이 그곳에서 나가면 우리가 들어가겠다(『꾸란』 5:22)."

알라를 두려워하는 두 사람이 말했다. "(도시의) 문으로 그들에게 들어가라. 너희들이 들어가면 그들을 패배시킬 것이다. 너희들이 믿는 자라면 알라만을 의지하라(『꾸란』 5:23)."

위 구절들에서 이슬람의 경전 『꾸란』이 이스라엘이 차지할 예루살렘을 언급하고 있다는 것은 주목할 만하다. 『꾸란』은 이스라엘 백성이 알라가 정해준 정결한 땅으로 들어가기를 바라고 있다. 그리고 이스라엘 백성들이 겁을 먹고 있을 때 무싸를 통해 이 땅을 공격하면 승리할 것이라는 확신을 주고 있다.

시내산.

이스라엘 자손(야으꿉의 자손)들아! 너희들에게 베풀어준 은택을 기억하라. 알라가 너희에게 지키라고 명한 것(율법)을 행하라. 너희들이 그것을 행하면 너희에게 약속한 것을 이행해주겠다(『꾸란』 2:40a).

이스라엘 자손들아, 우리가 너희 적(파라오)에게서 너희를 구하여주었다(『꾸란』 20:80a).

아랍어 '아흐드'는 아랍어 사전에서 '언약'이란 말로 번역되지만 『꾸란』에서 '아흐드'는 알라가 인간에게 지키라고 한 명령, 이스라엘 자손에게 알라가 요구한 믿음의 의무(3:77) 그리고 약속·맹세·계약·시간·선행·신실함을 가리킨다. 그러나 『꾸란』 주석자들에 따라서 이들 단어의 의미들이 달라진다. 그 이유는 꾸란학의 10여 가지 학문(『꾸란』이 내려온 배경, 『꾸란』 독법, 나스크와 만수크, 『꾸란』의 법령, 수사법 등)을 배워야 하기 때문이다. 그리고 이슬람 종파와 신학파에 따라서 『꾸란』 주석이 다르므로 『꾸란』의 한국어 의미번역이나 영어의 의미번역이 어느 『꾸란』 주석을 따랐느냐를 확인해 봐야 한다.

율법에 갇힌 종교, 율법으로부터 자유로운 종교

무함마드는 예언자들의 역사를 어느 정도 알고 있었고, 자신을 그들 중의 한 사람으로 자리매김하려고 했다. 그런데 무함마드는 유대교와 기독교의 『성경』에 대해서는 자세히 알지 못했고, 그 당시 『성경』이 아랍어로 번역되지 않아서 『성경』의 내용에 대해서도 잘 몰랐다. 『꾸란』에 나오는 '이싸'는 하나님의 아들이 아니고 성육신하지도 않으시고 십자가에 돌아가시지도 않는 분이므로 『성경』의 예수와 다른 분이다. 그런데 무슬림들의 책과 일부 학자들은 『꾸란』의 '이싸'를 예수와 동일시한다.

아브라함은 토라에서는 유대인으로, 『꾸란』에서는 무슬림으로 언급되고, 기독교인은 자신을 영적 아브라함의 후손이라고 믿는다. 아브라함은 이삭과 이스마엘의 아버지다. 전술한 바와 같이 『꾸란』 본문이 말하는 '이브라힘'은 무슬림이고 기독교인도 아니고 유대교인도 아니라고 했다. 『성경』의 아브라함과 『꾸란』의 이브라힘의 내러티브가 서로 유사한 부분이 있지만 신학적 담론이 다르다. 『꾸란』과 『성경』의 어느 스토리가 형식적으로 유사한 점이 있다고 하여 반드시 주제와 윤리와 신학적 의미에서 동일하다는 것은 아니다. 유대인은 그들만의 구전 토라와 『구약성경』을 갖고 있고, 무슬림은 『꾸란』과 『하디스』를 믿고 있다. 기독교인은 『신약성경』과 『구약성경』을 성서로 인정하고 있다. 이처럼 상충하는 경전의 메시지는 서로 간의 차이를 낳았다.

『꾸란』에는 이브라힘이 그의 아들 이스마일과 함께 아라비아 메카로 갔고, 이브라힘과 이스마일은 카바를 세웠다(『꾸란』 2:127)고 기록되어 있다. 그러나 『성경』에서는 아브라함이 메카로 갔다는 말은 없다. 『성경』에서 「창세기」 11장 27절에서 25장까지 스토리가 연대기적으로 서술되어 있으나 『꾸란』에서는 2장에서 87장까지 이브라힘과 관련된 구절이 여기저기 분산되어 있다.

더구나 이들 이야기가 다른 스토리와 함께 서로 얽혀 있고 주제는 행동과 윤리적인 모델로 제시되고 있다. 『꾸란』에서 이야기 전개는 역사적이지 않고 교훈적이다. 대체로 『꾸란』에서는 특정 장소들의 이름이 발견되지 않고 이브라힘의 스토리에서 단 한 장소 박카(Bakkah)가 나온다. 그런데『성경』에서는 아브라함의 동선이 세세한 여행 일정에 따라 자세히 기록되어 있다.

유대교와 기독교에서는 아브라함이, 이슬람에서는 이브라힘이 각기 신앙에서 중요한 자리를 차지하고 있다.『꾸란』은 성서의 백성(유대교인과 기독교인)이 신이 전해준 말씀을 잘못 이해하고 잘못 해석했다고 주장한다. 그리고 오늘날에는 유대교인과 기독교인을 카피르(알라가 한 분이라는 것을 안 믿거나 무함마드가 예언자인 것을 안 믿거나 샤리아를 안 지키는 자)라고 칭한다. 이라크와 시리아, 이집트에서 무슬림들은 이런 카피르들을 핍박하거나 살해했다. 유대교는 이삭을 통하여, 기독교는 예수를 통하여 아브라함을 바라보지만 이슬람은 무함마드를 통하여 이브라힘을 바라본다.

유대교는 지금도 여전히 메시아를 기다리고 있으며, 야훼가 주신 약속은 아브라함 때부터 지금까지 여전히 유효하다고 생각한다. 유대교인들은 야훼 하나님이 유대인들만을 축복하며, 무슬림은 알라가 무슬림만을 축복한다고 믿는다. 이에 비해 기독교에서는, 하나님이 모든 믿는 자들을 축복하신다고 가르친다.

유대인들은 하나님께서 그들에게 율법을 주셨다는 사실

을 믿고 있다. 무슬림 역시 알라가 이슬람법(샤리아)을 주셨다고 굳게 믿고 있다. 따라서 그 율법으로 말미암아 무슬림은 심판을 받게 되는 것이다.

이에 비해 바울은 율법에 속한 자는 하나님 언약의 상속자가 아니라고 하였다(「로마서」 4:14). 그렇다고 기독교인들에게 율법이 자유를 속박하는 감옥의 역할만을 하는 것은 아니다. 「로마서」 3장 20절에 따르면 율법은 죄를 깨닫게 하며, 「로마서」 7장 6절은 "이제는 우리가 얽매였던 것에 대하여 죽었으므로 율법에서 벗어났으니"라고 하였다. 이렇게 기독교인들은 율법의 낡은 것으로 살지 않고 거듭난 영의 새로운 것으로 살기를 소망한다. 한편 이슬람에서는 영(spirit)이 무엇인지 알 수 없다고 하고 루흐가 알라의 피조물이라고 하는 데 반하여, 기독교에서는 성부와 성자와 성령이 한 분의 하나님이고 하나님은 영이라고 말한다.

율법의 현주소

『성경』에서는 오늘날 율법을 어떻게 말하고 있는가? 「갈라디아서」 6장 13절에는 "할례받은 저희라도 스스로 율법은 지키지 아니하고 너희로 할례받게 하려 하는 것은 너희의

육체로 자랑하려 함이니라"라고 기록하고 있다. 당시 바울 시대에는 예수를 믿으면서도 율법을 지켜야 한다고 믿는 유대인들이 있었다. 그런데 「갈라디아서」 6장 15절은 "할례나 무할례가 아무것도 아니로되 오직 새로 지으심을 받는 자뿐이니라" 하고 6장 16절에는 "무릇 이 규례를 행하는 자에게와 하나님의 이스라엘에 평강과 긍휼이 있을지어다"라고 했다. 이 구절을 그리스어 『성경』 본문을 찾아 문법적으로 확인해보면 '무릇 이 규례를 행하는 자'와 '하나님의 이스라엘'은 동격으로 만나고 있어 같은 사람들이다. 앞의 문맥으로 보면 바울은 이방인에게 할례를 받으라고 주장하는 유대인들이 있었다는 것을 지적하고 있고, 여기서 '새로이 지으심을 받는 자'는 이 율법을 지켜야 할 필요가 없다고 여기는 사람들을 일컫는다.

또 이스라엘이라는 낱말은 이 문맥으로 보아 참 그리스도인들을 가리키고 있는 것이 분명하다. 이처럼 율법은 다만 예수님이 오실 때까지의 보호자(후견인)였을 뿐이다. 어린 아이가 학교에 오가는 것을 돌보아 주는 후견인의 역할처럼, 율법은 예수 그리스도에게로 데려다주는 후견인일 뿐이었다고 바울은 말한다.

몇 년 전 사우디아라비아에 있는 여학교에서 불이 났을 때 히잡(머리 스카프)과 아바야(몸에 걸치는 겉옷)를 걸치지 못한 많은 사우디아라비아 여학생들이 화재 현장에서 압사하거나 질식사한 사고가 발생했다. 이슬람 율법에 따라 밖에서 지키고 있던 경비원들이 아바야를 걸치지 않은 여학생들의 대피를 저지하였기 때문이었다. 예수 그리스도의 종은 그리스도 안에서 자유가 있는 책임 있는 자녀이지 율법의 노예가 아니다. 이슬람의 율법으로 인하여 목숨을 잃은 사우디아라비아 여학생들은 참으로 자유가 그리웠을 것이다.

그렇다면 이슬람의 율법과 관련된 무슬림의 실생활은 어떤가? 2003년 요르단 대학교 샤리아(이슬람 율법) 대학에서 이슬람 수업을 듣는 100여 명의 여학생 가운데 단지 16명 정도만이 히잡을 썼다. 일반적으로 히잡은 얼굴과 손을 제외한 모든 육체를 가리는 것이다. 이슬람학박사 암자드는 이슬람에서 여성이 히잡을 하지 않으면 잔나(극락)에 가기 위한 상벌에서 벌점이 있다고 가르쳤다. 이처럼 대학 내에서 아직까지 의복 하나에도 율법이 적용되어 무슬림의 발목을 잡고 있다.

사실 아랍 여성들에 대한 그녀들 자신의 생각도 아직은 덜 민주적인 것으로 보인다. 2003년도 요르단 국회의원 선거에서 한 여성은 "나도 여자이지만 우리 전통과 이슬람 신앙은 여성이 지도자가 되는 것을 허용하지 않습니다"라고 말하면서 "알라는 여성을 남성과 불평등하게 창조하였습니다"라고 했다. 이 말은 『꾸란』이 남녀 간의 질서를 불평등하게 규정하고 있다는 말처럼 들린다.

많은 아랍 국가에서는 아직도 대다수의 여성들이 일방적으로 남편으로부터 이혼을 당하고 있다. 사우디아라비아 여성들의 경우 역사상 처음으로 2001년 11월 남편의 주민등록증과 분리된 자신만의 주민증을 갖게 되었다. 2001년 국제사면위원회의 보고에 따르면 사우디아라비아에는 아직도 여성차별이 고질적으로 남아 있다고 한다. 특히 여성의 활동을 제약하고, 여성들을 집에 칩거하게 하는 점들이 지적되었다. 불과 40년 전에야 여성들에게 교육받을 권리를 허용했다.

요르단에서는 역사상 처음으로 여성들이 법원에 이혼 소송을 하여 승소 판결을 받은 사건이 화제가 되었다. 2001년 12월 요르단 여성들의 이혼 절차를 간소화한 법에 따라 샤리아 법정(이슬람법 법정)은 새 이혼법에 근거해 2002년 5월 20일 두 번째 이혼을 허용했다.

그러나 이는 극히 드문 예다. 예를 들어 쿠웨이트 헌법은 남녀 모두의 동등한 권리를 선언하고 있지만, 과거 선거법에서는 21세 이상의 남자만이 투표권을 가지고 있었다. 2005년에야 의회가 여성들에게 투표권을 주는 법안을 통과시켰다. 이것이 바로 이슬람 율법에 갇혀 있는 무슬림의 현주소다.

운명과 종말사상

그가 바란 광야에 거주할 때에 그의 어머니가 그를 위하여 애굽 땅에서 아내를 얻어 주었더라. (「창세기」 21:21)

알라여! 나는 알바이트 알무하람(카바) 근처에서 나의 자손들 일부가 기도를 행하도록 농작물이 없는 와디에 그들을 살게 했다. (『꾸란』 14:37a)

모든 것은 알라의 뜻이다

무함마드는 6세기 아라비아반도에서 '알라 이외에는 신이 없다'라는 말로 인간에게 예배를 받는 분은 오직 한 분이라고 했다. 이런 알라에게 복종하라는 것이 이슬람이다. '이슬람(복종)'이란 말을 일부 한국인은 평화라고 번역하기도 하는데, 사실상 아랍어 사전에 그런 뜻은 없다.

『꾸란』과 『하디스』를 통해서 무슬림은 도덕적 행위와 미래의 운명을 배운다. 이슬람은 모든 사건의 유일한 원인이 알라라고 가르친다. 무함마드 이전의 아랍 사회의 흔한 믿음이었던 이 운명론이 무슬림 사회의 사상과 행동을 통제하는 힘이 된 것이다. 이슬람학 전문가 사무엘 즈웨머는 "이런 전통에 따라 이슬람이 시작된 이후 10세기 동안 줄곧 이런 운명론이 무슬림의 신앙을 지배하고 있었다"고 말한다(*Moslem Doctrine of God*, p.97).

19세기 무슬림 개혁자들은 이슬람 침체의 원인이 운명론과 무슬림에 대한 교육의 부실 때문이라고 했고 이런 침체를 해결하기 위해 이즈티하드(이슬람의 법적 증거들로부터 일반적인 법률을 논리적으로 도출함)의 사용을 새롭게 해야 한다고 했다. 다음 이야기에서 이슬람의 운명론과 기독교의 예정론을 어떻게 이해하였는지를 엿볼 수 있다.

영국인과 무슬림으로 가득 찬 배가 파도를 가르고 나아갔다. 그런데 갑자기 승객 중 하나가 배에서 미끄러져 물에 빠졌다. 무슬림은 그를 바라보며 "만일 운명이 기록된 책에 그가 살게 될 거라고 기록되어 있으면 우리의 도움이 없이도 그는 살게 되고, 만일 그가 죽을 것이라고 기록되어 있으면 우리는 아무 도움이 안 될 거야"라고 말했다. 그러나 영국 사람은 "아냐, 아마도 우리가 구해내야 한다고 쓰여 있을 거야"라고 말하고는 그를 구조하였다.

무슬림은 태어나서 죽을 때까지 자신의 운명이 정해져 있다고 믿는다. 이슬람에서 운명론을 가리키는 단어로 '까다르'와 '까다' 두 가지가 있다. 전자는 인간의 잘못된 의지나 잘못된 지식으로 인해 생기는 것이고 후자는 인간의 힘으로는 도저히 바꿀 수 없는 것을 가리킨다. 이를테면 '까다'에는 인간의 죽음이나 키가 170센티미터밖에 안 되는 것들이 해당되고, 우연히 길 가다가 구덩이에 빠져 다쳤다면 이것은 '까다르'다. 그러나 대개는 두 단어가 구별됨이 없이 이슬람의 운명론을 말할 때 '까다르와 까다'라고 말한다.

이렇듯 이슬람은 모든 것이 알라의 뜻에 따라 일어난다고 가르친다. 그러나 알라의 뜻이 무엇을 의미하느냐에 대해서 이슬람과 기독교는 서로 다른 견해를 갖는다. 이슬람은 알라를 인간 위의 높은 곳에 자리한 절대 신으로 만들어두었다. 인간이 할 일은 오로지 알라의 뜻에 복종하는 것밖에 없다. 이렇게 알라의 전능하심이 과도하게 강조된다. 그러나 기독교에서 하나님은 인간과 유사점이 없는 속성과 서로 공유하는 속성 둘 다 가지고 계신다. 하나님과 인간 사이에 전혀 유사점이 없다면 하나님께서 자기의 속성을 계시해도 인간은 하나님을 전혀 알지 못할 것이다. 하나님은 인격적 존재로서 인간과 교제하신다.

이슬람의 종말론

이슬람의 종말론은 매우 방대하다. 그래서 종말이 올 것을 나타내주는 징후→우주와 인류가 사라짐→무덤에서 깨어남→선과 악을 저울에 달아 계산함→극락과 지옥으로 가는 것 등을 차례대로 알아야 한다. 종말의 시기는 아무도 모르고 오직 알라만이 안다. 그러나 이슬람에서는 종말의 징후만큼은 인간도 알 수 있다고 한다.

부활이 오기 전, 종말을 나타내는 징후는 큰 징후와 작은 징후로 나뉘어 나타난다. 『꾸란』에 따르면 이미 작은 징후들이 이 세상에 나타나 있다. 큰 건물들이 들어서고 있다는 것도 작은 징후의 하나로 여긴다. 작은 징후는 종말로 가는 초입이며, 인간이 죽으면 곧 이 세상과 저 세상 사이에 있는 바르자크(Barzakh)라는 중간단계의 삶이 있다고 한다.

모든 무슬림은 이 세상의 마지막 날이 있음을 믿는다. 흙으로 인간을 창조한 알라는 인간이 죽으면 다시 흙으로 돌아가게 하는데, 부활의 날이 오면 인간을 다시 살게 한다고 믿는다. 마지막 날이 오면 알라는 인간을 무덤에서 나오게 하여 루흐(생명)가 몸으로 들어가게 한다.

그러나 마지막 날은 언제가 될지 아무도 알 수 없으며, 심지어 무함마드조차 알지 못한다고 하였다. 마지막 날 루흐와 몸이 만난 채로 알라 앞에 선 인간은 알라의 심판에 따라 선행이 많으면 극락으로 가고 선행보다 악행이 많으면 지옥으로 간다.

그렇다면 이슬람에서 극락은 어떤 곳일까? 『꾸란』에서 "극락(잔나)은 알라를 경외하는 자가 비단 옷을 입고 알라가 '후르 아인'이라는 예쁜 여자와 결혼을 시켜주며 모든 종류의 과일을 먹을 수 있는(『꾸란』 44:51~55)" 곳이다. 또 "소년들이 둘러서서 컵과 주전자를 들고 시중을 들어주고 마실 때 머리가 안 아프고 이성을 잃지 않는다(『꾸란』 56:17~19)"고 했다. 부활의 날에 어린이는 임종을 맞이하고 잔나에 도착하면 성년기로 변하고 '후르'라는 극락(잔나)의 여성과 인간 세상에서 온 여성과 혼인한다.

그렇다면 누가 지옥에 가는가? 이슬람은 아담이 다만 알라의 말씀을 망각해 그의 무지로 인해 실수한 것이며, 아담은 결코 타락하지 않았다고 하면서 원죄를 부인한다. 그러나 『성경』에 따르면 아담의 타락 이후 모든 인간은 원죄를 지니고 태어난다.

알라가 말하기를 '나는 창조주이고 내게는 아버지도 아들도 없다'고 했다. 그러므로 이슬람에서는 알라를 믿지 않고 무함마드를 사자(messenger)로 고백하지 않는 사람이 지옥에 간다. 무슬림은 기독교인을 '쉬르크(다신 숭배)'에 해당한다고 말한다. 즉 무슬림의 입장에서 보면 알라와 동등한 자로 예수 그리스도를 알라 자리에 두고 모시는 사람이 바로 기독교인들이다.

이슬람에서 이야기하는 부활의 날이 오기 전에 나타나는 큰 징후에는 다음과 같은 것이 있다. 우선 거짓의 닷잘(dajjaal)이 나타나 이슬람을 버리라고 말한다. 그리고 유대인과 무슬림 간의 싸움이 있다. 마침내 예루살렘이 해방되고 나면 기독교인들이 십자가를 들고 나오는데, 이때 무슬림과 기독교 간에도 싸움이 일어난다. 알마시흐(『꾸란』의 이싸)와 함께 '곡'과 '마곡'(무슬림마다 누가 곡이고 마곡인지 의견이 분분함) 그리고 '답바'라고 하는 동물도 등장한다. 이런 징후는 부활 전에 나타나는데, 특히 태양이 서쪽에서 떠서 서쪽으로 지는 것도 그 징후의 하나라고 했다.

그러면 이슬람에서 말하는 '이싸(무슬림은 알마시흐를 이싸라고 생각함)'의 역할은 무엇인가? 이싸는 사람들을 이슬람으로 초대하는 역할을 맡는다. 또한 십자가를 부수고 돼지를 죽인다. 이것은 『꾸란』이 아닌 『하디스』에 나오는 내용이다. 기독교에서 말하는 예수 그리스도는 십자가에 못 박혀 돌아가셨고, 사흘 만에 부활하시었다.

그러나 이슬람에서 이싸는 십자가로 인해 돌아가신 게 아니라 그냥 하늘로 올려졌기 때문에 언젠가 십자가를 부수러 올 것이라고 말한다. 이싸가 내려오면 제일 먼저 시리아의 우마이야 모스크의 동쪽 미너렛(첨탑)으로 내려온다. 그곳에서 거짓의 닷잘이 세상을 망치고 있다는 소식을 듣게 되고 시리아에서 팔레스타인으로 이동한다.

이싸는 닷잘이 가는 길을 따라 팔레스타인에 도착하고, 예루살렘 알악사 사원에서 기도를 드린다. 그곳 모스크에는 이맘 알마흐디(이슬람의 마지막 이맘)라는 분이 있어 그가 예배를 인도한다. 이싸와 알마흐디는 기도 후에 팔레스타인의 알릿드라는 곳으로 간다. 그곳에서 거짓의 닷잘이 오는 것을 듣고 있다가 알릿드의 문에서 닷잘을 잡아 죽인다. 그리고 나서 이싸는 드디어 죽게 되고(자연사), 알마흐디는 살아서 일정 기간 이 땅을 통치한다. 사람마다 알마흐디가 통치하는 기간을 7주 혹은 7개월 등으로 다르게 이야기하는데, 그 기간은 아무도 알 수 없다.

한편 이싸의 몸은 사우디아라비아 메디나의 무함마드 무덤 옆에 묻히고 그의 루흐는 바르자크(현세와 내세 사이의 중간 단계의 삶)로 이동한다. 그리고 온 우주와 인간이 다 사라지고 알라만 남게 된다.

이때 이스라필 천사가 나팔을 불면 모든 죽은 자들이 살아나 알라 앞에 등단하여 회계(선행과 악행을 저울에 달아 계산)를 받는다. 무함마드는 지금은 무덤에 묻혀 있지만, 부활의 날이 오면 무슬림을 알라 앞에서 변호해준다고 말한다. 물론 바르자크에도 등급이 있다고 했다.

무엇보다도 이슬람의 종말론에서 예루살렘이 중요한 이유는 부활이 되기 전에, 그리고 예루살렘이 해방되고 나서야 이싸가 온다는 데 있다.

결국 예루살렘은 유대인이나 무슬림이나 세대주의

이슬람의 미너렛(이라크의 사마라 사원).

기독교인 모두에게 절대로 양보할 수 없는 성지다. 여기서 무슬림은 이슬람에서 말하는 이싸가 바로 예수라고 할지 모르겠으나, 이슬람의 이싸는 기독교의 예수와는 그 성격이 전혀 다른 분이다.

아브라함에게 주신 약속

또 네 씨로 말미암아 천하 만민이 복을 받으리니 이는 네가 나의 말을 준행하였음이니라 하셨다 하니라. (「창세기」 22:18)

우리(알라)가 그(이브라힘)와 이스학에게 복을 내려주었고 이 둘의 자손 중에는 남에게 이로운 행동을 하는 자(알라에게 순종하므로)와 공정치 못한 자(알라에게 불순종하므로)가 있다.

(『꾸란』 37:113)

지금까지 아브라함의 종교들이라고 불리는 유대교 – 기독교 – 이슬람교를 살펴보았다. 『꾸란』의 이브라힘은 창세기에 등장하는 아브라함의 특징을 갖기도 하고 동시에 『신·구약성경』에 나오는 아브라함과 전혀 상관없는 '이브라힘'이 등장하기도 한다.

유대교와 무슬림의 일부는 이전보다 더 열심히 각 종교의 율법을 지키려고 한다. 이로 인해 이들은 이들과 이들 주변에 사는 사회와의 차이를 더 넓혀가고 있다. 이슬람 국가들은 때때로 이슬람 근본주의자를 견제하거나 이들의 과격성에 철퇴를 가하기도 한다. 요르단의 경우, 왕정제도가 이슬람 샤리아법에 맞지 않는다고 무슬림 파이자는 말한다. 세 종교 간의 갈등과 긴장이 있는 곳에서 각각의 근본주의자들은 자주 공개적으로 그리고 격렬하게 증오의 불길에 기름을 붓는다.

근본주의자들의 담론에는 다른 종교의 진리가 들어설 자리는 없고, 다원사회에서 필요한 관용이 있을 수 없다. 유대 근본주의자들은 기독교인을 우상 숭배자라고 부르고, 아랍 무슬림은 기독교인을 '무함마드를 예언자로 믿지 않고 알라가 한 분이라는 것을 믿지 않는 자(kafir)'라고 부른다. 또 유대인들은 오늘날 팔레스타인 아랍인을 아말렉(amalekites)이라고 부른다. 아말렉은 이미 유대인들에게 배척당한 종족이었다.

가끔 유대교인과 세대주의적 전천년설 주창자들 간에는 천년설에 대한 독특한 견해들을 공유하기도 한다. 그것은 곧 예루살렘 성전을 재건하는 일이다. 성전의 재건축은 유대교 인과 세대주의적 기독교인들 모두가 바라는 일이다. 세대주 의적 전천년설 주창자와 과격 정통 유대인들은 대환란 전에 메시아가 재림한다고 믿는다.

무슬림은 이스라엘 건국과 그 이후 그들과의 싸움이 아직 은 종말론적 의미를 갖지 않는다고 생각한다. 다시 말하면 지금의 이스라엘과 팔레스타인의 분쟁이 최후 심판의 징후 는 아니라고 말한다.

「창세기」에서 하나님은 아브라함에게 다음과 같은 약속 을 하시었다. "큰 민족을 이루고(12:2)" "너를 축복하는 자에 게는 내가 복을 내리고 너를 저주하는 자에게는 내가 저주 하리니(12:3)" "너와 네 후손에게 너의 우거하는 이 땅 곧 가 나안 일경으로 주어 영원한 기업이 되게 하고(17:8)" "내가 내 언약을 나와 너와 네 대대 후손의 사이에 세워서 영원한 언약을(17:7)" 삼겠다고 했다.

다시 말해 아브라함에게 땅과 자손과 복을 주셨다. 여기 서 문제는 '땅'에 대한 약속이다. 「창세기」는 가나안 땅을 하 나님이 아브라함과 그의 자손에게 주시었다고 말한다. 그런 데 유대인들은 가나안 땅을 이스라엘 백성이 점령해 그 땅을 하나님이 주신 언약의 땅으로 믿고 있다. 『구약성경(유대교)』과 『신·구약성경(기독교)』의 아브라함 그리고 『꾸란(이슬람)』의 이브라힘은 내러티브와 신학적 함의와 강조점이 다르다. 『꾸란』에서 이브라힘이 메카에 가서 카바를 세웠고 하자르가 두 언덕 사이를 달렸다는 내용은 『성경』에 나오지 않는다. 『꾸란』에서는 이브라힘이 기독교인도 아니고 유대교인도 아니라고 했다.

기독교인들은 인류에 대한 하나님의 구원 약속이 그리스도를 통하여 성취되었다고 믿었다. 아브라함의 씨는 그리스도(『갈라디아서』 3:16)인데 그리스도로 인하여 모든 백성이 복을 받는다.

그렇다면 『성경』에 나오는 아브라함의 언약이 어떻게 적용되었는가? 첫째, 아브라함에 대한 개인적 약속은 이삭을 낳음으로써 성취되었다. 둘째, 전 세계에 대한 우주적인 약속은 땅의 모든 족속이 아브라함으로 인하여 복을 받는다는 말씀(『창세기』 12:3)에 근거한다. 아브라함의 씨는 그리스도인데 그리스도를 믿는 모든 사람은 복을 받는다.

「창세기」에 나오는 아브라함에 대한 약속은 모든 민족을 다 포함하는 넓은 의미의 하나님의 약속이며, 그러므로 아브라함에게 주신 복은 세계의 모든 민족에게 해당되는 것이라고 말한다. 결국 예루살렘을 포함한 팔레스타인 땅은 유대교인·무슬림·기독교인들 모두에게 역사적으로 신학적으로 매우 중요하다.

오늘날 이스라엘과 팔레스타인 사람들이 땅을 두고 서로 싸우면서, 말로는 유대인들은 "샬롬(평화)"이라고 인사하고 아랍 무슬림들은 "앗쌀라무 알라이쿰(평화가 너희들 위에)"이라고 인사한다. 그러나 참된 평화는 하나님이 함께하는 곳에 있다.

맺음말

아랍 무슬림은 '아브라함의 종교들'을 하늘의 종교들 또는 하늘의 율법들이라고 부른다. '아브라함의 종교'에서 아브라함(「창세기」 17:5)은 히브리어에서 나온 말이고 아랍어로는 이브라힘(『꾸란』 14장)이라고 한다. 세 종교를 믿는 사람들은 상대 종교를 아브라함/이브라힘의 종교라고 할지 또는 안 할지에 대하여 서로 의견이 다르다.

무슬림은 이브라힘을 예언자들의 조상(아부 알안비야)이라고 부르지만 유대인은 아브라함을 히브리인(hebrews)의 조상(「신명기」 26:5, 「이사야」 51:2)이라고 말한다. 바울은 「로마서」 4장 1절에서 "육신으로 우리 조상된 아브라함이 무엇을 얻었다 하리오"라는 질문으로 시작하면서, 바울이 쓴 「갈라디아서」 3장 29절에서는 "너희가 그리스도께 속한 자면 곧 아브라힘의 자손"이라고 했다. 다시 말하면 『꾸란』의 이브라힘과 『성경』의 아브라함이 주제와 강조점이 달랐다.

『꾸란』 3장 67절은 이브라힘의 종교 안에 유대교인과 기독교인을 인정하지 않았다. 『꾸란』 3장 68절에서는 이브라힘의 종교를 믿고 그 신앙 체제를 제대로 따랐던 사람은 "이 예언자"라고 했고 『꾸란』 주석가 이븐 카시르는 "이 예언자"를 '무함마드'라고 했다.

메카 순례에서 순례자들은 "알라여! 이브라힘과 그의 가문에게 복을 내려준 것처럼 무함마드와 그의 기문에게 복을 내려주세요"라고 외친다. 『꾸란』 2장 127절은 이브라힘과 이스마일이 그 집(카바)의 기초를 놓았다고 하면서 알라에게 자신들이 한 일을 받아달라고 기도한다. 일부 무슬림들은 카바 신전을 처음 세운 사람은 천사들이라고 하고 그 뒤에 아·담, 그의 아들 쉬스, 이브라힘, 이스마일과 그 후 여러 사람에 의하여 건축되었다고 했다.

그러나 카바를 누가 처음 세웠는지에 대한 의견은 분분하고 아랍 우상숭배자들이 세웠다는 전승도 내려온다. '이 집(카바)의 주인(『꾸란』 106:3)'은 알라라고 주석하는데 카바는 오늘날 전 세계 무슬림들의 기도의 방향이 되었다. 그러나

『성경』의 아브라함은 메카 순례나 카바와 아무 상관이 없다.

세 종교의 텍스트가 갖는 내러티브의 구조를 보면,『성경』은 「창세기」 11장부터 25장까지 스토리가 연대기적으로 기술되어 있으나 『꾸란』에서는 2장부터 87장까지 이브라힘과 관련된 구절이 여기저기에 분산되어 있다. 예를 들면 『꾸란』 14장이 '이브라힘'의 장(chapter)인데, 35~41절만 이브라힘과 조금 연관되고 나머지는 이브라힘과 전혀 상관없다.

『성경』의 아브라함이 『꾸란』의 이브라힘과 유사한 부분과 차이가 나는 부분이 있다. 아브라함/이브라힘이 고향을 떠나 다른 장소로 이동하고 나이 들어 두 아들을 낳았다. 그런데 『꾸란』에서는 희생제물이 될 뻔했던 아들의 이름은 나와 있지 않고 단지 '아들'이라고 했으나, 『성경』은 분명히 '이삭'이라고 명시되어 있다. 대체로 『꾸란』에서는 장소들의 이름이 언급되지 않았는데 이브라힘의 스토리에서는 단 한 장소 박카(bakkah)가 나온다.

『성경』에서는 아브라함이 이동했던 동선이 여행 일정에 따라 장소의 이름이 언급되어 있으나 『꾸란』의 이브라힘은 그렇지 않았다. 『꾸란』에서 내러티브 스타일은 역사적이지 않고 교훈적이다. 결국 『꾸란』과 『성경』의 어느 스토리가 유사한 점이 있다고 하더라도 『성경』과 『꾸란』의 내러티브를 각각 연대순으로 분석하고 각각의 해석의 원리를 적용하면

서로 간의 신학적 담론과 주제가 다르다는 것을 알 수 있다.

율법을 뜻하는 '샤리아'와 '토라'(그리스어로 노모스)는 종교적 개념에서 서로 다르다. 이슬람 율법(샤리아)은 알라가 그의 예배자들을 위하여 제정한 교리와 법을 일컫는다. 샤리아는 여러 법(후큼)을 포함하는데, 샤리아를 지켜야 할 의무가 있는 자의 행동들과 관련된 알라의 메시지에서 도출해낸 것이 법(후큼)이다. 샤리아는 알라가 무함마드에게 준 『꾸란』과 『하디스』에 근거한다. 『꾸란』과 이슬람에서 법을 제정한 자는 알라이고 무함마드는 알라의 법들을 전하고 알라가 제정한 법을 설명하는 자이지 법 제정자는 아니라고 했다. 무슬림 공동체가 어떤 문제에 만장일치를 히여 법을 세성했다고 할지라도 또는 무즈타히드(법적 증거를 통하여 일반적인 법률을 논리적인 규칙에 따라 도출해내는 법학자)가 법적 판결을 했다고 할지라도 법을 제정한 자는 알라라고 주장했다.

히브리어의 토라는 유대인의 '모세 오경'을 가리켰으나 『신약성경』의 바울은 자주 모세를 통해 이스라엘에 주신 특별한 신적 요구사항과 그에 따르는 제재를 노모스(율법)라고 했고 바울에게 노모스는 시내산의 법을 의미했다. 바울은 아브라함의 신앙(faith)과 함께하는 자가 아브라함의 자손으로 인정된다(「갈라디아서」 3:7)고 했다. 예수 그리스도를 구주로 믿어야 그의 '의'가 그를 믿는 자에게 전가되고 의롭다고 선언된다(「고린도 후서」 5:21). 그런데 바울의 책들 속에 '행함'과 연관된 노모스는 율법의 의미가 아니라 율법주의(율법이나 특정 규례를 지킨다고 고집함)의 의미였다. 율법은 행함을 요구하므로 믿음이나 하나님의 약속이나 은혜들과 대조가 되었다. 결국 아브라함에게 주신 약속과 모세에게 준 법은 서로 구별되었고 이슬람의 샤리아와 달랐다.

기독교는 아브라함의 언약과 다윗의 언약(예수 그리스도의 계보에 나타남)을 중요시했다. 기독교는 유대교가 올바른 상속자라고 방어해주는 모세 언약의 중요성을 최소화했다. 『구약』의 가르침은 하나님이 아브라함으로부터 시작해 이스라엘 백성과 언약을 맺었다는 것을 강조했으나, 기독교인들은 『구약성경』의 약속이 새로운 언약을 시작한 예수 그리스도에 의해 변화되었다고(Transformed) 했다. 오늘날 기독교인은 그리스도의 법 아래에 살고 있다(「갈라디아서」 6:2)는 것이다. 그리스도의 법은 일부 새로운 명령(「디모데 전서」 4:4)을 포함하고 일부 옛 명령(「로마서」 13:9)과 일부 개정된 명령(「로마서」 13:4)을 포함한다.

기독교인에게 그리스도의 법은 사랑의 계명과 연관된다(「갈라디아서」 5:14). 『구약성경』의 법으로부터 새롭게 한 것(renewal)만 그리스도의 법으로 간주되었다. 『구약성경』의 율법 모두가 하나님이 기독교인에게 요구한 명령은 아니지만 여전히 하나님의 말씀이므로 그 법들을 뒷받침하는 원리를 찾아서 적용했다.

2008년 미국의 예일 대학교에서 무슬림 학자와 종교인 그리고 기독교 학자들이 만나서 '우리와 여러분과의 공통된 말(A Common Word Between Us and You)'이란 주제로 학술대회를 열었다. 이 대회에 사용된 공통의 말(al-kalimah al-sawā')은 『꾸란』 3장 64절에 나오는 내용이다. 『꾸란』은 무함마드에게 성서의 백성(유대교인과 기독교인)을 향해 말하라고 하는데, 그 중에는 무함마드가 가져다준 『꾸란』을 거부하는 사람(『꾸란』 5:68)과 이브라힘을 근거로 공통된 말(common word)을 함께 나누는 사람(『꾸란』 3:64)이 있다고 했다. 이 단어 뒤에 오는 내용을 보면 공통의 메시지를 공유한다는 것이 아니고, 알라(allāh)만을 예배하고 알라와 함께 쉬르크(shirk, 다신 숭배)를 취하지 않는다고 했다.

이슬람에서는 기독교인이 예수 그리스도를 하나님이라고 믿기 때문에 무슬림은 기독교를 쉬르크라고 한다. 아랍인은 아랍 국가가 종교교육이 잘못되었고 종교를 정치에 이용하는 이슬람주의자들이 문제라고 한다. 유대인과 무슬림, 기독교인과 무슬림, 수니 무슬림과 시아 무슬림, 무슬림과 야지드인, 무슬림과 아마지기(베르베르인), 무슬림과 콥트 기독교인 간에 종교적 갈등이 여전하다.

역사를 거슬러 올라가면 1950년대까지만 해도 '아브라함의 종교들'이란 말이 널리 사용되지 않았다. 아브라함의 종교라는 말은 제2 바티칸 공의회(1962~65)에서 가톨릭이 유대교인과 무슬림을 아브라함의 깃발 아래 모이도록 하기 위함이었다. 제2 바티칸 공의회 이후 60년 이상이 지나서, 2019년 2월 아부다비에서 가톨릭 교황 프란치스코와 이집트의 알아즈하르 쉐이크 아흐마드 알따입이 '세계평화와 공생을 위한 인류의 형제됨'이란 문건에 서명했다. 2019년 8월 아흐마드 알따입은 이 문건의 목표를 달성하기 위하여 위원회를 결성했고 '이브라힘 가족의 집(세 종교를 한 가족으로 표현함)'을 존중하고 모든 사람 사이에 인간적 형제됨(형제가 된 상태)이 실현되기를 바랐다.

지금까지 우리나라에서 '이슬람 담론'이 매우 혼란스러웠던 이유는 한국어로 쓴 '이슬람학'과 '꾸란학'의 학문적 저작의 양이 매우 적고, 아랍어 『꾸란』에 대한 1차 자료를 읽을 수 있는 한국인 학자가 아주 적었다는 점을 빼놓을 수 없다.

이 책은 다른 두 종교에 대항하여 하나의 신앙과 신앙체계를 강요할 목적으로 또는 세 종교를 하나의 종교로 통합할 목적으로 저술되지 않았다. 오히려 종교 간의 유사점과 차이점을 알아보는 데 그 초점을 두었다. 이 책이 다문화 사회가 필요로 하는 공생과 상호 이해에 도움을 줄 수 있는 연구 자료로서 이바지하길 바란다.

프랑스엔 〈크세주〉, 일본엔 〈이와나미 문고〉,
한국에는 〈살림지식총서〉가 있습니다.

아브라함의 종교 유대교|기독교|이슬람교

펴낸날	제1판 제1쇄 2004년 6월 15일
	제1판 제8쇄 2014년 11월 20일
	제2판 제1쇄 2019년 10월 30일

지은이	공일주
펴낸이	심만수
펴낸곳	(주)살림출판사
출판등록	1989년 11월 1일 제9-210호

주소	경기도 파주시 광인사길 30
전화	031-955-1350 팩스 031-624-1356
홈페이지	http://www.sallimbooks.com
이메일	book@sallimbooks.com

ISBN	978-89-522-0243-7 04080
	978-89-522-0096-9 04080 (세트)

384 삼위일체론

 eBook

유해무(고려신학대학교 교수)

기독교에서 믿는 하나님은 어떤 존재일까? 성부 하나님과 성자 예수, 그리고 성령이 계시며, 이분들이 한 하나님임을 이야기하는 삼위일체론은 기독교 교회가 믿고 고백하는 핵심 교리다. 신구약 성경에 이 교리가 어떻게 나타나 있으며, 초기 기독교 교회의 예배와 의식에서 어떻게 구현되었고, 2천 년 동안의 교회 역사를 통해 어떤 도전과 변화를 겪으며 정식화되었는지를 일목요연하게 정리했다.

315 달마와 그 제자들

eBook

우봉규(소설가)

동아시아 불교의 특징은 선(禪)이다. 그리고 선 전통의 터를 닦은 이가 달마와 그에서 이어지는 여섯 조사들이다. 이 책은 달마, 혜가, 승찬, 도신, 홍인, 혜능으로 이어지는 선승들의 이야기를 통해 선불교의 기본사상을 이해하도록 돕는다.

041 한국교회의 역사

eBook

서정민(연세대 신학과 교수)

국내 전체인구의 25%를 점하고 있는 기독교. 하지만 우리는 한국 기독교의 역사에 대해서 너무나 무지하다. 이 책은 한국에 기독교가 처음 소개되던 당시의 수용과 갈등의 역사, 일제의 점령과 3 · 1운동 그리고 6 · 25 전쟁 등 굵직굵직한 한국사에서의 기독교의 역할과 저항, 한국 기독교가 분열되고 성장해 왔던 과정 등을 소개한다.

067 현대 신학 이야기

eBook

박만(부산장신대 신학과 교수)

이 책은 현대 신학의 대표적인 학자들과 최근의 신학계의 흐름을 해설한다. 20세기 전반기의 대표적인 신학자인 칼 바르트와 폴 틸리히, 디트리히 본회퍼, 그리고 현대 신학의 중요한 흐름인 해방신학과 과정신학 및 생태계 신학 등이 지닌 의미와 한계가 무엇인지를 친절하게 소개하고 있다.

099 아브라함의 종교 유대교|기독교|이슬람교 eBook

공일주(요르단대 현대언어과 교수)

이 책은 유대교, 이슬람교, 기독교가 아브라함이라는 동일한 뿌리에서 갈라져 나왔다는 점에 주목한다. 저자는 이를 추적함으로써 각각의 종교를 그리고 그 종교에서 나온 정치적, 역사적 흐름을 설명한다. 이스라엘과 팔레스타인으로 대변되는 다툼의 중심에는 신이 아브라함에게 그 땅을 주겠다는 약속이 있음을 명쾌하게 밝히고 있다.

221 종교개혁 이야기 eBook

이성덕(배재대 복지신학과 교수)

종교개혁은 단지 교회사적인 사건이 아닌, 유럽의 종교·사회·정치적 지형도를 바꾸어 놓은 사건이다. 이 책은 16세기 극렬한 투쟁 속에서 생겨난 개신교와 로마 카톨릭 간의 분열을 그 당시 치열한 삶을 살았던 개혁가들의 투쟁을 통해 보여 주고 있다. 마르틴 루터, 츠빙글리, 칼빈으로 이어지는 종파적 대립과 종교전쟁의 역사들이 한 편의 소설처럼 펼쳐진다.

263 기독교의 교파

남병두(침례신학대학교 교수)

하나의 교회가 역사적으로 어떻게 다양한 교파로 발전해왔는지를 한눈에 보여주는 책. 교회의 시작과 이단의 출현, 신앙 논쟁과 이를 둘러싼 갈등 등이 파노라마처럼 펼쳐진다. 사도행전에 나타난 교회의 시작과 이단의 출현에서부터 초기 교회의 분열, 로마가톨릭과 동방정교회의 분열, 16세기 종교개혁을 지나 18세기의 감리교와 성결운동까지 두루 살펴본다.

386 금강경

곽철환(동국대 인도철학과 졸업)

『금강경』은 대한불교조계종이 근본 경전으로 삼는 소의경전(所依經典)이다. 『금강경』의 핵심은 지혜의 완성이다. 즉 마음에 각인된 고착 관념이 허물어져 어디에도 집착하지 않는 상태를 말한다. 이 책은 구마라집의 『금강반야바라밀경』을 저본으로 삼아 해설했으며, 기존 번역의 문제점까지 일일이 지적해 독자들의 이해를 돕고자 했다.

013 인도신화의 계보

eBook

류경희(서울대 강사)

살아 있는 신화의 보고인 인도 신들의 계보와 특성, 신화 속에 담긴 사상과 가치관, 인도인의 세계관을 쉽게 설명한 책. 우주와 인간의 관계에 대한 일원론적 이해, 우주와 인간 삶의 순환적 시간관, 사회와 우주의 유기적 질서체계를 유지하려는 경향과 생태주의적 삶의 태도 등이 소개된다.

309 인도 불교사 붓다에서 암베드카르까지

eBook

김미숙(동국대 강사)

가우타마 붓다와 그로부터 시작된 인도 불교의 역사를 흥미롭고도 일목요연하게 정리한 책. 붓다가 출가해서, 그를 따르는 무리들이 생겨나고, 붓다가 생애를 마친 후 그 말씀을 보존하기 위해 경전을 만드는 등의 이야기들이 한눈에 들어온다. 또한 최근 인도에서 다시 불고 있는 불교의 바람에 대해 소개한다.

281 예수가 상상한 그리스도

김호경(서울장신대학교 교수)

예수가 그리스도라는 것은 어떤 의미인가? 이 책은 신앙적 고백과 백과사전적 지식 사이에서 현재 예수 그리스도가 가진 의미를 묻고 있다. 저자는 이러한 문제의식을 바탕으로 예수가 보여준 질서와 가치가 우리와 얼마나 다른지, 그를 따르는 것이 왜 우리에게 익숙하지 않은 일인지를 보여주고 있다.

346 왜 그 음식은 먹지 않을까

eBook

정한진(창원전문대 식품조리과 교수)

세계에는 수많은 금기음식들이 있다. 유대인과 이슬람교도들은 돼지고기를 먹지 않고, 힌두교도의 대부분은 소고기를 먹지 않는다. 개고기 식용에 관해서도 말들이 많다. 그들은 왜 그 음식들을 먹지 않는 것일까? 음식 금기 현상에 접근하는 다양한 방식을 통해 그 유래와 문화적 배경을 살펴보자.

eBook 표시가 되어있는 도서는 전자책으로 구매가 가능합니다.

㈜살림출판사
www.sallimbooks.com
주소 경기도 파주시 문발동 522-1 | 전화 031-955-1350 | 팩스 031-955-1355